聪明在于学习，
天才在于积累

华罗庚◎著

长江出版传媒 | 长江文艺出版社

目 录

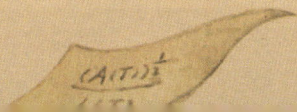

聪明不是谁说了算的

高军　石家庄精英中学执行校长、党委书记，中学高级教师

因为教师职业的缘故，我一向是赞成开卷有益的。

我是读完第一篇文章之后一发不可收拾的，一气呵成读罢已将至子夜，那份感觉是重拾一份精神力量后的亢奋。我仿佛穿越到半个多世纪共和国曾经火热的激情年代，聆听一位导师谆谆教诲，我能深刻体悟到华罗庚先生的那份拳拳之心。随后的几天我再次勾画圈点、重新品读，汲取久违的那股精神力量，习得一套实用的学习成长之法。

做了二十五年的校长，陪伴了万千学子成长，因此对于青年学生积累学习方法颇为敏感，自己也一直行走在学习方法指导的尝试之路上。所以读罢华罗庚先生的

几篇文章，竟生出许多似曾相识的同感。

关键是华罗庚先生在半个多世纪前的指导和教诲，如春风拂面，没有大科学家的盛气凌人。华罗庚先生的文字不华丽少雕饰，颇具数学家的风骨，简单平实直击主题，描述人生成长走向成功的"学习公式"，也映照出大道至简的中国智慧。作者的良多劝勉和方法指导，如今依旧可以穿越几代青年，如航灯般在未知海洋中熠熠生辉指明方向。

虽然我们早已迈入信息化社会，当代中国人对于学习的终身性已然成为普世观念。所以华罗庚先生从不同角度阐述的学习研究之法，依旧闻之亲切，拈来即用。仅从华罗庚先生的文稿中撷其三两处，行抛砖之功以飨同侪罢。

一是华罗庚关于学习的态度这一方向的指导。

作者在《聪明在于学习，天才在于积累》一文中多次讲到学习态度问题，以他自身的成长经历，告诉我们年青人"所谓天才就是靠坚持不断的努力"。作为一位蜚声世界的大数学家，华罗庚先生讲述他"初一年级时，数学也是经过补考才及格的"，那么我们非常好奇，是什么秘笈让少年华罗庚发生逆转的。他接着告诉我们初二以后他"认识到了自己的资质差些，就多用点时间来学习"，并将这份勤奋之功作为终身坚守的"原则"。

在我们的理解中，华罗庚应该是数学天才，发轫于神童，经他自己的讲解，我们才发现"天才"原本没有什么诀窍。他在后边的几篇与青年朋友交谈的文稿中，多次提到了"人一已百"。勤奋拼搏的道理，就是华罗庚先生总结的那句名言：聪明在于学习，天才在于积累。

二是华罗庚先生从事科学研究一以贯之的几项学习方法。

我们可以从这本书中多次聆听到华罗庚先生质朴、简洁、实用的学习方法。例如：在学习过程中务必重视基础的学习，必须夯实了基础才可能学习得更深更透；又如：独立思考，无论是学习还是搞科研必须要独立思考，要看到书背面的东西；还如：锲而不舍的学习精神，要拥有持久的学习热诚，一曝一寒都要不得，遑论一曝十寒；再如：要注意学习的消化，把书"从薄到厚"读了，还要再"从厚到薄"的总结，强调知识自我消化的重要……

三是华罗庚的创新思维和意识。

我们都知道华罗庚在全球数学界的独到造诣,是解析数论、矩阵几何学、典型群、自守函数论等多方面的创始人和开拓者。在数学领域建树颇丰的华罗庚,对于认知心理学等其他学科也有超前的创新思考。例如在华罗庚那个时代,欧美心理学研究中,建构主义认识论一直影响至今,而华罗庚在《学习和研究数学的一些体会》一文中,就讲了"漫"这个认知层面的学习理论,与建构主义认识论异曲同工。

因篇幅所限,不再赘述。

而华罗庚所提出的这些学习方法和对研究工作的指导,恰是因其简洁普世,才让当代人身居这浮华世界闻之一振,更当在午后暖阳里惬意地读来,或者在春雨淅沥的静夜与青灯相伴而读。

让我们走进精神营养的一方圣土,去滋润自己吧!

于石家庄精英中学北校区

2021. 3. 12

聪明在于学习，天才在于积累

最近，祖国向我们提出了向科学大进军的庄严号召，要我们在一段时间内在主要科学方面接近世界的先进水平。这个号召使广大青年科学工作者感到巨大的鼓舞，许多青年人并且定了几年进修计划。这是一个十分可喜的现象。这里我想提出几点意见，供大家参考。

聪明在于学习，天才在于积累

必须认识攻打科学堡垒（bǎo lěi）的长期性与艰巨性。应该像军队打仗，要拿下一个火力顽强的堡垒一样，不仅依靠猛冲猛打，还要懂得战略战术。向科学进军不但要求有大胆的想象力，永不满足于现有的成就，而且要踏踏实实从眼前的细小的工作做起，付出长期的艰苦劳动。听说许多大学毕业的青年同志正在定计划，要在若干年内争取副博士。但我要奉劝大家，不要认为考上副博士就万事大吉，也不要认为将来再努一把力考上个博士就不再需要搞研究了。不，科学研究工作是我们一辈子的事业。我们的任务是要探索宇宙的一切奥秘，使大自然为人类服务，而这个事业是永无尽止的。若单靠冲几个月或者两三年，就歇手不干，那是很难指望有什么良好成绩的；即或能作出一些成绩，也绝不可能达到科学的高峰，即使偶有成功总是很有限、极微小的。新中国成立前我们看见不少的科学工作者，他们一生事业的道路是：由大学毕业而留洋、由留洋而博士、由博士而教授。也许他们在大学时有过一颗爬上科学高峰的雄心，留洋时也曾经学到一点有用的知识，博士论文中也有过一点有价值或有创造性的工作，但一旦考上了博士当上了教授，也就止步于此了；把科学研究工作抛到九霄云外，几十年也拿不出一篇论文来了。这实在是一件很惋惜的事。当然那主要是旧的环境造成的。今天我们的环境不同了，新中国为科学事业开辟了无限广阔的道路。现在我们可以安心地在自己的岗位上去大力从事科学活动，努力钻研创造。我们的科学事业已成为国家不可分割的组成部分，因此就不应该再抱着拿科学当"敲门砖"的思想，而应该为自己树立一个最高的标准和目标，刻苦坚持下去，为国家创造的东西越多、越精深才越好。

有些同志之所以缺乏坚持性和顽强性，是因为他们在工作中碰了钉子，走了弯路，于是就怀疑自己是否有研究科学的才能。其实，我可以告诉大家，许多有名的科学家和作家，都是经过很多次失败，走过很多弯路才成功的。大家平常看见一个作家写出一本好小说，或者看见一个科学家发表几篇有分量的论文，便都仰慕不已，很想自己能够信手拈（niān）来，便成妙谛（dì）；一觉醒来，誉满天下。其实，成功的论文和作品只不过是作者们整个创作和研究中的极小部分，甚至这些作品在数量上还不及失败的作品的十分之一。大家看到的只是他成功的作品，而失败的作品是不会公开发表出来的。要知道，一个科学家在他攻克科学堡垒的长征中，失败的次数和经验，远比成功的经验要丰富深刻得多。

失败虽然不是什么令人快乐的事情，但也决不应该气馁。在进行研究工作时，某个同志的研究方向不正确，走了些岔路，白费了许多精力，这也是常有的事。但不要紧，你可以再调换一个正确的方向来进行研究；更重要的是要善于吸取失败的教训，总结已有的经验，再继续前进。

根据我自己的体会，所谓天才就是靠坚持不断的努力。有些同志也许觉得我在数学方面有什么天才，其实从我身上是找不到这种天才的痕迹的。我读小学时，因为成绩不好就没有拿到毕业证书，只能拿到一张修业证书。在初中一年级时，我的数学也是经过补考才及格的。但是说来奇怪，从初中二年级以后，就发生了一个根本转变，这就是因为我认识到既然我的资质差些，就应该多用点时间来学习。别人只学一个小时，我就学两个小时，这样我的数学成绩就不断得到提高。一直到现在我也贯彻这个原则：别人看一篇东西要三小时，我就花三个半小时，经过长时期的劳动积累，就多少可以看出成绩来。并且在基本技巧烂熟之后，往往能够一个钟头就看完一篇人家看十天半月也解不透的文章。所以，前一段时间的加倍努力，在后一段时间内却收得预想不到的效果。是的，聪明在于学习，天才在于积累。

脚踏实地与加快速度

正因为科学工作是一个长期的艰苦的事业，所以不仅要有顽强性和坚持性，而且必须注意科学的方法和步骤，脚踏实地地循序渐进。正像我国要实现社会主义的美好前途一样，不能指望在一个早晨便达到必须经过过渡时期才行。向科学进军好比爬梯子，也要一步一步地往上爬，既稳当又快。如果企图一脚跨上四五步，平地登天，那就必然会摔跤，碰得头破血流。我这样说是不是保守思想呢？是否违反了"又多又快又好又省"的原则呢？我觉得，循序渐进是和加快速度不矛盾的，正因为循序渐进，基础打得好，所以进军才能保证顺利完成。过去有些中学生，自命为天才，一年跳几级，初中未读完就不耐烦了，跳班去读高中，这是很危险的事，虽然暂时勉强跟得上，但因为基础打得不扎实，将来进一步研究的时候就会有很大的困难。有些青年不但怕难，而且很轻视容易，初中算术还没学好就想跳一跳去学代数。他大概认为算术太简单，没有必要多学，结果到了学代数的时候，却发现有许多东西弄不懂，造成很大的困难。其实我们通常的所谓困难，往往就是我们过于轻视了容易的事情而造成的。我自己从前就有过这样的痛苦经验。看一本厚书的时候，头一、二章总觉得十分容易，一学就会、马虎过去，结果看到第三、四章就感到有些吃力，到第五、六章便啃不下去，如果不愿半途而废，就只好又回过头来再仔细温习前面的。当然，我所谓要循序渐进，打好基础，并不是叫大家老在原地方踱步打圈子，把同一类型的书翻来覆去看上很多遍。譬（pì）如过去有些人研究数学，把同样程度的几本微积分都收集起来，每本都从头到尾看，甚至把书上的习题都重复地做几遍，这是一种书呆子的读书方法，毫无实际意义，这样做当然就违反了"快"的原则。我个人的看法是：打基础知识的时候，同一类型的科学，只要在教师的指导下选一本好书认真念完它就可以了（在这种基础上再看同一类型的书时只不过吸收其中不同的资料，而不是从头到尾精读）；然后再进一步看高深的书籍。循序渐进绝不能意味着在原来水平上兜圈子，而是要一步一步前进；而且要尽快地一步一步前进。

谈到补基础知识的问题，目前在大学里有这样两种看法：一种看法是一面工作，一面研究，一面补基础；另一种看法是打好基础再研究。这两种做法当然都可以达到循序渐进的目的。但究竟哪一种方法最好，则必须结合自己的具体环境和条件来决定，不能机械硬搬。我以为在有良好导师进行具体辅导的情况下，不妨（fáng）一面补基础一面搞研究工作，这样不致走什么弯路，而且可以很快前进。若没有导师指导，那就必须先打好基础，因为基础不好，又没有人指导，将来在进行研究专题时，发现自己基础知识不够，就往往会弄得半途而废或事倍功半。但即使没有导师，打基础的时间也不会花得太久。听说有些大学毕业的学生，担任教师二三年，在制定个人计划时还准备用十年时间来打基础，争取副博士水平，这实在是完全不必要的。依我个人的看法，一个大学三年级肄（yì）业调出来工作的同志，拿二三年时间补基础就够了。当然指的是辛勤努力的二三年，而不是一曝（pù）十寒的二三年。

独立思考和争取严格训练

搞好科学研究的一个重要关键问题，便是充分发挥独立思考能力。同志们都知道科学工作是一种创造性的劳动，我们从事科学研究的目的，就是要通过自己的劳动，去竭力发掘前人所未发现的东西；如果别人什么都已发现了，给我们讲得清清楚楚，那就用不着我们去搞科学研究了。所以在科学研究上光凭搬用别人的经验是不行的；而且客观事物不断地在发生变化，科学事业也在时时刻刻向前发展，只是套用别人的经验就往往会发生格格不入的毛病，甚至每个人自己也不能靠老经验去尝试新问题，而应该不断地推陈出新，大胆创造。我总觉得，我国青年在这方面还有着较大的缺点。比如我访问德国的时候，我们在德国的留学生就告诉我，由于国内的大学里没有很好培养独立思考的能力，所以现在在学习上造成了很大的困难。他们和德国同学在一起读书听课都不差，但做起课堂讨论来就不知道从何下手。甚至于自己不会找参考材料，就是找到了参考资料，上去演讲的时候，往往人云亦云，不能有所添益或创造。的确我接触到过不少大学生，他们从来也没有想到过要和书上有不同的看法。这样，他们实际上变成了一个简单的知识的传声筒。我们有些大学里过去实行过所谓包教包懂的制度。一次不懂便去问老师；两次不懂再问；三次不懂又再问，一直到全懂为止。这虽然是个省力的办法，但可惜任何学问都是包不下来的。如果老师连你怎样做研究工作全都包下来了，那他就不需要你再做这个研究工作了。导师的作用在于给你指点一些方向和道路，免得去瞎摸，但在这条路上具体有几个坑，几个窟窿，那还得你自己去体验。何况我国目前科学上空白点很多。谁也没有去研究过的项目，你到底依靠谁呢？唯一的办法就是要依靠你自己在现有的知识基础上去创造，去深思熟虑。

但请大家切不要误解，以为我是要你们在科学上去瞎摸瞎闯，自以为是，一点也不向别人请教。不是的，独立思考和不接受前人的经验与老辈的指教是毫无共同之点的。假如有一个人没有应有的科学知识，便宣布"我要独立思考"，成天关在屋子里苦思冥想，纵然他凭他的天才能够想出一些东西来，我敢说他想出的东西很可能别人在几十年以前就已经想到了，很可能还停留在几百年以前或几十年以前的水平上面。这种情况说明他的劳动是白白的浪费，当然更谈不到赶上世界先进水平了。所以学习前人的经验，吸取世界已有的科学成果是非常必要的。而为了做到这一点，主动地争取老教师的帮助和严格的训练，又是值得青年同志们注意的。

熟能生巧

最后，我想顺便和大家谈谈两个方法问题。我以为，方法中最主要的一个问题，就是"熟能生巧"。搞任何东西都要熟，熟了才能有所发明和发现。但是我这里所说的熟，并不是要大家死背定律和公式，或死记人家现成的结论。不，熟的不一定会背，会背不一定就熟。如果有人拿过去读过的书来念十遍、二十遍，却不能深刻地理解和运用，那我说这不叫熟，这是念经。熟就是要掌握你所研究的学科的主要环节，要懂得前人是怎样思考和发明这些东西的。譬如搞一个实验，需要经过五个步骤，那你就要了解为什么非要这五个步骤不可，少一个行不行，前人是怎样想出这五个步骤来的。这样的思考非常重要，因为科学研究的目的在于发明或发现一些东西。如果人家发明一样东西摆在你前面，你连别人的发明过程都不能了解，那你又怎样能够进一步创造出新东西呢？好比瓷器，别人怎样烧出来的，我们都不理解，那我们怎能去发明新瓷器呢？在西方国家里，流行着对科学家发明的一些有趣传说，比如说牛顿发明万有引力定律，是由于偶然看见树上一个苹果落地，灵机一动的结果。苹果落地的事实，自有人类以来便已有了，为什么许多人看见，没有发现而只有牛顿才发现万有引力呢？其实牛顿不是光看苹果落地，而是抓住了开普勒的天体运行规律和伽利略的物体落地定律，经过长期的深思熟虑，一旦碰到自然界的现象，便很容易透视出它的本质了。所以对关键性的定理的获得过程，必须要有透彻的了解及熟练的掌握，才能指望科学上有所进展。再申明一下，这里谈的关键并不是指各种问题的关键，而是你所研究的工作中的主要关键。

其次，关于资料问题。搞研究工作既然要广泛吸取前人的经验，那就必须占有充分的资料。如果是搞一个空白的科学门类，这门科学中国过去还没有或很少有人研究过，那查资料就会发生很大的困难。在这里我想与其谈一些空洞的原则让大家去摸，不如讲得具体些，但是愈具体错的可能性就愈大，希望大家斟酌（zhēn zhuó）着办，不要为我这建议所误。我觉得，如果有导师指导的话，那他就可以告诉你这门科学过去有谁搞过，大致有些什么资料或著作（具体材料他也不可能知道），然后你可按这线索去寻找，这样做当然还比较好办。如果没有导师，只派你一个人去建立这个新门类，那应该怎么办呢？我想首先要了解这门科学在世界上最有权威的是哪些人或哪些学派，然后拿这些人近年来发表的文章来看。起初很可能看不懂，原因大致有两种：第一，他所引证的教科书，过去我们没有念过。这很好，从这里知道我们还有哪些基础未打好，需要补课；第二，他引证了许多旁人的著作。这些著作我们不一定全部要看，但可以从这位科学家提供的线索开始，按他引证的书一步步扩大，从他研究的基础一步步前进。这样时间也不至于花得太长，有的花一二年，有的三五年就可以知道个轮廓了。

（原载 1956 年第 7 期《中国青年》）

谈自学

斯大林说过："要建设，就必须有知识，就必须掌握科学。而要有知识，就必须学习。顽强地、耐心地学习。"诚然，如果我们能照着斯大林说的去做，那么，我相信，在几年之内，都是完全有把握掌握我们工作上所需要的科学知识的。

一 自修是能达到学习的目的的，毅力和耐心是成功的保证

自修是学习方法之一。我们可以肯定地说：任何一个人如果养成了自修的习惯，都是终身受用不尽的。但如果因为强调自修而放弃参加集体学习的机会，也是不

正确的态度。曾经有些青年人说：在学校里要学的科目太多，进度很慢，还是在家里自修好一些。这种看法当然是不妥当的。自修只能看作是在正规学习进行中的辅助办法，在无法参加正规学习时候的代替办法。必须知道，在学校里（或参加任何学习班）学习有很多优点：第一，是能够得到系统的、全面发展的为现代公民所需要的常识；第二，是水平高于我们的教师会较快地带我们上路，并且能够及时指出容易被我们忽略的要点和关键所在，又能够帮助我们解释疑难，减少暗中摸索的时间；第三，有检查有考核，易于暴露和及时纠正我们学习中的缺点；第四，和同学在一起，可以互相帮助，互相鼓励。所有这些，都不是用自修的方法能够得到的。但同时也应当培养自修的习惯，这样，一来可以补助学习的不足，二来准备在不能参加学习的时候，能掌握"自修"这一重要的学习方法。

自修是一种比较艰苦的学习方法，但它的优点是无论何人、何时、何地都可以采用。只要我们能按部就班，不懈（xiè）不怠（dài），继之年月，它是可以帮助我们达到科学的光辉的顶点的。凡是具备了普通语文修养的人，就可以运用自修来扩大自己的知识范围。就我所熟悉的数学而言，只要我们肯于自修，便能够使我们进入数学的堂奥。

但是由于没有督促检查，没有导师指引，自修往往自流，以致有始无终。我个人就有过一些痛苦的经验：由于急躁，想一蹴（cù）而成，我常常逾规前进，在最初一个时期看来似乎很有成绩，但一旦运用时却发现运用不灵，是一锅夹生饭。这时，前进不行，回头又不甘心，这种情况几乎使我丧失信心，中途而止。夹生饭重新回锅是件极不愉快的事。我想，一定有不少苦心自修的人有过同样苦痛的经验。因此，无论自修哪一门功课，最重要的是避免焦躁，循序前进，才是上策。如果不幸和我有相同的经验，唯一的补救办法就是重新从头做起。自修时的另一缺点是往往自以为通，自以为懂，书上的习题会做，书上的定理会背，但若干年后回顾一下，以往所谓的通和懂不过是浮面的、形式上的了解，一遇到原则性的变化就堕入五里雾中，摸不着头脑了。这一缺点，虽然可能是学习过程中极难避免的，但如果自修时能够认真思考，仍可能减轻它的严重性。另一方面也有一些人，对原理、原则谈来似乎了解了，但在具体应用时百无一能。此外，虎头蛇尾、有始无终、"一曝十寒"等毛病就不在话下了。

总之，我觉得，自修能有成绩的关键在于毅力和耐心。应当正确地认识为了什么在自修，也应当正确地认识"自修"较"参加正规学习"更为艰苦，所需要的时间更多，图快贪多是自修成功的敌人，必须用"涓涓不息，而成江河"的态度，持之有恒，行之有素，才能够完成自修所要达到的目的。

二 爬山是艰苦的，但开始的一段还是大道

科学家们经常爱引用马克思在"资本论"法文译本的序与跋（bá）里所说的话："在科学上没有平坦的大道，只有不畏劳苦沿着陡峭山路攀登的人，才有希望达到光辉的顶点。"这是颠扑不破的真理。每一个科学工作者都应当牢记并深刻认识这几句话的意义。但如果用来对学习中学程度的科学知识的人来说，却过早了些。可能因此产生畏难情绪。科学是座大山，愈接近顶点，

道路就愈崎岖难行，甚至有很多人迹所没有到过的地区，全靠科学家披荆斩棘地发现道路。但在山脚下，由于多少年来行人的践踏，已经踏成了大道，或者已经修成了拾级可登的阶梯，只要我们不倦地努力，就可以稳步前进。数学中的算术、代数、几何、三角等等在几百年前都是科学上的崎岖小路，而今天已经成为平坦大道了。十四五岁的少年都能在短时期内掌握它。所以，有了丰富的生活经验的成年人，在他们成熟的思考能力的帮助下，迅速地掌握这些科目也是毫无问题的，是有绝对的把握的。但成果的丰富与否还要看我们付出代价的多少而定。

山愈高愈难爬，但由于经过了一段时间的锻炼，又在这个基础上逐渐丰富了自己的经验，我们是有可能并且一定能够逐步地攀登到高峰的。

对经验丰富的人来说：攻克科学堡垒并不比攻克军事堡垒难。科学堡垒是不变的目标，进了一步就进了一步，今天攻不下，还有明天，到了明天，客观形势只会对我们更有利。只要我们一步一步地努力，总是越来越接近胜利。

三　没有什么秘密的学习方法

学习科学不能取巧，也没有什么捷径或秘密的快速学习方法。我们决不能在短短的几个月内把六年中学的课程融会贯通，必须认识科学知识学习的长期性和艰苦性。一分努力一分成就，唯有勤恳的耕耘，才能有丰富的收获。但另一方面，如果指导学习的人能够把握住成年人具有成熟的思考能力这一特点，周密地考虑筹划，那便有可能适当地缩短学习的期限。但决不能缩得太短。所以学习的人务必要首先认识学习的长期性和艰苦性，调匀步伐尽快地前进。如果逞一时之勇，冲锋般地奋勇向前，将来必然会觉得难乎为继。学习科学虽然没有取巧的方法，但确也有一些应当注意的事项，了解了这些，可以少走弯路。

首先应当提出的是不急不躁，细嚼慢咽，一步不懂不轻易走下一步。每一方法都力求运用熟练。读十本八本，不甚了解，反不如把一本书从头到尾读得精通烂熟。所谓烂熟不只是会背会算，而是能掌握基本精神、基本原理，能够灵活运用。并且必须注意它的连贯性，依照深浅，一本一本地学习下去。例如，在学数学的时候，不要在算术的基本运算还未掌握的时候，就去搞搞代数，摸摸几何。这样会一事无成。学到新的、高一级知识的时候，必须一有机会就联系起旧有的、低一级的知识来。换言之，如果学了代数忘了算术，学了几何忘了代数，这样不但会忘了前面的，而后面的也学不好。一言以蔽之，我们必须认识科学知识的积累性，学习科学知识有如筑塔，级级上升，每一级都建筑在以下诸级之上，因之，一级不稳，就筑不上去。

其次，必须经常地检查自己，不要放弃任何可能复习的机会。如果参加有组织的学习，最好经过每一个考试，向辅导人员争取严格的训练。在日常生活中，活的例子会经常遇见的。百分比当然是家常饭，遇见了它不妨算算。比如政府发表的公报中常有许多数字，如果我们把它们用作复习资料，既可以熟练计算，又可以增加对国家的具体的感性认识。

第三，是学习的顽强性。学习科学时，必须紧紧掌握"知难而进"的原则，一般说来，难易决定于主观

（指学习，不指研究），决定于已有的训练。曾经克服过不少困难，则"难"将变为"易"。望而生畏，"易"也变"难"。譬如学下棋，刚学的时候，不知从何下手，下了三五十盘之后，也就能看出一步两步了。训练有素的老棋手，却能看上十步八步。在中学知识阶段学习科学知识，如果能够看上一步两步，一般讲来，就能够完成我们的学习任务！难的是在我们初学以后，碰到需要能看上一步两步的问题，就会感到束手无策，无路可通。但是，只要我们能坚持地顽强地努力一下，就会豁然开朗的。那时节心怀喜悦，信心大增，学习的兴趣也就更大了！

第四，培养对所学科目的兴趣。上面已经谈到学习兴趣的来源之一，如果有人辅导这就更容易了。辅导员可以在生活中，在工作中选些生动的、具体的例子，来帮助大家，那就更可以大大地提高学习的热情。学习的人能够如第二点所提出的方法找习题演算，当然也是提高兴趣之一法。而最可靠的是第三点中所提出的方法，克服困难后的乐趣，那是信心和胜利的交响曲。有了兴趣就会乐此不疲，好之不倦，因之也就会挤时间来学习了。

　　最后应当谈的是时间问题。学习的敌人是"一曝十寒"，所以我们必须要有经常的可靠的时间。我们如果能有每天一小时，或每周五小时的保证，就易于把学习搞好。厂矿企业机关能为员工在提高科学知识水平上花一些时间，是一种极有意义的投资。所以如果领导干部能够在时间方面适当地给予保证，那是可以促使学习者有成绩的。但另一方面，每一个领导者自己也应当认识学习的重要性和迫切性，尽可能地掌握好自己的时间来学习。把握时间的方法之一，是利用间隙，特别是间隙中短暂时间的利用。举例说。在公共汽车站上经常有人在看书，这就是抓紧利用时间的方法之一。不要轻看这样的时间，每天如果抓住了三次二十分钟，日积月累，可以学得不少东西。把学习的材料经常带在手头，一有空便翻开来看，据个人的经验，这对于一个工作繁忙的人，是很好的学习方法。

（节选自 1954 年 4 月 6 日《人民日报》）

取法乎上　仅得乎中

同样一件事，反映各不同。努力向上者，取其积极面，自暴自弃者，取其消极面。

宋朝有一位苏洵（xún），到二十七岁的时候才发愤读书，终于成为一位大文学家。

这故事告诉我们：刻苦学习，不要怕晚嫌迟，不要说我年纪一把，还能学出个啥名堂来。更不是告诉我们，我年纪还轻呢！今年不过二十岁，用什么功来！再过五年才发愤，岂不比苏老泉还早二年吗？

发愤早为好，苟晚休嫌迟，最忌不努力，一生都无知。

＊　　＊　　＊

想到祖国期待着我们建设，想到建设的艰巨性和复杂性，我们恨不得立刻学好本领。放松不得，蹉跎不得，立志务宜早，发愤休迟疑。

＊　　＊　　＊

元朝有位王冕（miǎn）——王元章，他是一位大画家。他从小贫穷，不能从师学画，于是他在放牛的时候，看着荷花临摹起来，经过刻苦锻炼，终于自学成为一位大画家。

这故事告诉我们：如果没有老师，不要怕，只要刻苦自励，自学也是可以有所成就的。但是并不是说：我何必在校学习呢？自学不也很好吗？不也可以成为王冕吗？

自学的习惯是要养成的，而且是终身受用不尽的好习惯，但不要身在福中不知福！有老师的帮助而不知道这帮助的可贵。不明不白处，老师讲解，不深不透处，老师追查。更重要的是，从老师处可以学得深钻苦研的、失败的和成功的经验，学习了他成功的经验，长知识，可以在这基础上更深入地下去；学得了他失败的经验，长阅历，可以知道天才出于勤奋的道理，知道成功从失败中来的道理。

*　　*　　*

独创精神不可少，这是我们建设前人所未有的事业的青年必有的本领，但接受前人的成就也是十分必要的。不走或少走前人已走过的弯路是加快速度的好方法，老师尽他的力量向上带，带到他能带到的最高处。我们在他们的肩膀上更上一层，一代胜似一代。

*　　*　　*

晚唐有位韦庄——韦端己填了一首词：

街鼓动，禁城开，天上探人回，凤衔（xián）金榜出云来，平地一声雷。莺已迁，龙已化，一夜满城车马，家家楼上簇（cù）神仙，争看鹤冲天。

这首词可能是韦庄用来形容科举制度下高科得中的情况的，但是其中却包括词人的浪漫主义的幻想——十分丰富的想象力。但幻想毕竟是幻想，真正要探天归来，真正要带了科学资料"出云来"，还得经过千百年来科学家的辛勤劳动。

＊　　＊　　＊

雄心壮志不可无，浪漫主义的幻想也要有，但不畏艰苦，逐级攀登的踏实功夫更不可少。老老实实，实事求是，不要轻视平淡的一步，前进一步近一步，登高必自卑，行远必自迩（ěr）。看了韦庄的词，有所启发，而想一步登天，一下子就发明个星槎（chá），遨游六合，岂不快哉？但那是妄想，只有一步一步地先在理论上想出可能，算出数据，再按要求一一分析，步步落实，才有今日。计时已百年，智慧耗无数，对整个历史来说我们的工作可能是极渺小的，对整个时代来说可能是微不足道的。正是小环节，小贡献，积小成大，由近至远，大发明大创造才有可能。点点滴滴，汇成江河，眼光看得远，步伐走得稳，不要眼高手低，不要志大才疏。老老实实干，痛下苦功夫，夸夸其谈者，荆棘满前途。

（原载 1962 年 6 月 16 日《中国青年报》）

学与识

有些在科学技术研究工作岗位上的青年，要我谈谈治学和科学研究方面的经验。其实，我的理解也有片面性。现在仅就自己的片面认识，谈一点关于治学态度和方法的意见。

"由薄到厚"和"由厚到薄"

科学是老老实实的学问，搞科学研究工作就要采取老老实实、实事求是的态度，不能有半点虚假浮夸。不知就不知，不懂就不懂，不懂的不要装懂，而且还要追下去，不懂，不懂在什么地方；懂，懂在什么地方。老老实实的态度，首先就是要扎扎实实地打好基础。科学是踏实的学问，连贯性和系统性都很强，前面的东西没有学好，后面的东西就上不去；基础没有打好，搞尖端就比较困难。我们在工作中经常遇到一些问题解决不了，其中不少是由于基础未打好所致。一个人在科学研究和其他工作上进步的快慢，往往和他的基础有关。关于基础的重要，过去已经有许多文章谈过了，我这里不必多讲。我只谈谈在科学研究工作中发现自己的基础不好后怎么办？当然，我们说最好是先打好基础。但是，如果原来基础不好，是不是就一定上不去，搞不了尖端？是不是因此就丧失了搞科学研究的信心了呢？当然信心不能丧失，但不要存一个蒙混过关的侥（jiǎo）幸心理。主要的是在遇到问题时不马马虎虎地让它过去。碰上了自己不会的东西有两种态度：一种态度是"算了，反正我不懂"，马马虎虎地就过去了，或是失去了信心；另一种态度是把不懂的东西认真地补起来。补也有两种方法：一种是从头念起；另一种方法，也是大家经常采用的，就是把当时需要用的部分尽快地熟悉起来，缺什么就补什么（慢慢补得大体完全），哪方面不行，就多练哪方面，并且做到经常练。在这一点上，我们科学界还比不上戏剧界、京剧界。京剧界的一位老前辈有一次说过："一天不练功，只有我知道；三天不练功，同行也知道；一月不练功，观众全知道。"这是说演戏，对科学研究也是如此，科学的积累性不在戏剧之下，也要经常练，不练就要吃亏。但是如果基础差得实在太多的，还是老老实实从头补，不要好高骛（wù）远，还是回头是岸的好，不然会出现高不成低不就的局面。

有人说，基础、基础，何时是了？天天打基础，何时是够？据我看来，要真正打好基础，有两个必经的过程，即"由薄到厚"和"由厚到薄"的过程。"由薄到厚"是学习、接受的过程，"由厚到薄"是消化、提炼的过程。譬如我们读一本书，厚厚的一本，加上自己的注解，就愈读愈厚，我们所知道的东西也就"由薄到厚"了。但是，这个过程主要是个接受和记忆的过程，"学"并不到此为止，"懂"并不到此为透。要真正学会学懂还必须经过"由厚到薄"的过程，即把那些学到的东西，经过咀嚼、消化，融会贯通，提炼出关键性的问题来。我们常有这样的体会：当你读一本书或是看一叠资料的时候，如果对它们的内容和精神做到了深入钻研，透彻了解，掌握了要点和关键，你就会感到这本书和这叠资料变薄了。这看起来你得到的东西似乎比以前少了，但实质上经过消化，变成精炼的东西了。不仅仅在量中兜圈子，而有质的提高了。只有经过消化提炼的过程，基础才算是巩固了，那么，在这个基础上再练，那就不是普通的练功了；再念书，也就不是一本一本往脑里塞。而变成为在原有的基础上添上几点新内容和新方法。经过"由薄到厚"和"由厚到薄"的过程，对所学的东西做到懂，彻底懂，经过消化的懂，我们的基础就算是真正地打好了。有了这个基础，以后学习就可以大大加快。这个过程也体现了学习和科学研究上循序渐进的规律。

有人说，这样踏踏实实、循序渐进，与雄心壮志、力争上游的精神是否有矛盾呢？是不是要我们只搞基础不攻尖端呢？我们说，踏踏实实，循序渐进地打好基础，正是要实现雄心壮志，正是为了攻尖端，攀高峰。不踏踏实实打好基础能爬上尖端吗？有时从表面上看好像是爬上去了，但实际上底子是空的。雄心壮志只能建立在踏实的基础上，否则就不叫雄心壮志。雄心壮志需要有步骤，一步步地、踏踏实实地去实现，一步一个脚印，不让它有一步落空。

独立思考和继承创造

科学不是一成不变、一个规格到底的，而是不断创造、不断变化的。搞科学研究工作需要有独立思考和独立工作的能力。许多同志参加工作后，一定会碰到很多新问题。这些问题是书上没有的，老师也没有讲过的。碰到这种情况怎么办？是不是因为过去没学过就不管了？或是问问老科学家，问不出来就算了？或是查了科学文献，查不出来就算了？问不出来，查不出来，正需要我们独立思考，找出答案。我认为独立思考能力最好是早一些培养，如果有条件，在中学时就可以开始培养。因为我们的国家，还是一个发展中的不太发达的国家，一定会碰上许多问题是书本上没有的，老科学家们过去也没有碰到过的。如长江三峡工程，我们的老科学家在过去就没有搞过这样大的水坝（bà）。我们的许多矿山和外国的也不一样，不能照抄外国的。所以还是要靠自己去研究，创造出我们的道路。

培养独立思考、独立工作能力，并不是不需要接受前人的成就，而恰恰是要建立在广泛地接受前人成就的基础上。我很欣赏我国南北朝时有名的科学家祖冲之对自己的学习总结的几个字。他说，他的学习方法是：搜炼古今。搜是搜索，博采前人的成就，广泛地学习研究；炼是提炼，只搜来学习还不行，还要炼，把各式各样的主张拿来对比研究，经过消化、提炼。他读过很多书，并且做过比较、研究、消化、提炼，最后创立了自己的学说。他的圆周率是在博览和研究了古代有关圆周率的学说的基础上，继承了刘徽的成就而进一步发展的。他所作的《大明历》则是继承了何承天的《元嘉历》。许多科学技术上的发明创造，都是继承了前人的成就和自己独立思考的结果。

独立思考和独立工作，并不是完全不要老师的指导和帮助，但是也不要依赖老师。能依靠老师很快地跑到一定的高度当然很好。但是，从一个人的一生来说，有老师的指导不是经常的，没有老师的指导而依靠自己的努力倒是经常的；有书可查而且能够查到所需要的东西不是经常的，需要自己加工或者灵活运用书本上的知识，甚至创造出书本上所没有的方法和成果倒是比较经常的。就是在老师的指导和帮助下，也还是要靠自己的努力和钻研，才能有所成就。凡是经过自己思考，经过一番努力，学到的东西才是巩固的，遇到困难问题时，也才有勇气、有能力去解决。科学研究上会不会产生怕的问题，也往往看你是否依靠自己努力。经受过各种考验。能够这样，在碰到任何困难问题时就不会怕。当然不怕也有两种情况：一种是我不懂，不努力，也不怕，这是糊里糊涂的不怕，有些像初生牛犊儿不怕虎，这种不怕是不坚定的，因为在工作中一定会碰到"虎"的，到那时就会怕起来了；另一种是在工作中经过刻苦钻研，流过汗，经受过各种困难，这种不怕则是坚定的，也是我们赞扬的。青年一定要学会独立思考、独立工作，依靠自己的努力去打江山，一味依靠老师和老科学家把着手去做，当然很方便，但也有吃亏的一面。因为不经过自己的艰苦锻炼，学到的东西不会巩固，需要独立解决问题时困难就会更大。这样说也并不是否定了老科学家的作用，他们给青年的帮助是很大的。我只是说，青年不要完全依靠老科学家，应该注意培养自己独立思考和独立工作的能力。

青年同志们如果有机会和老科学家一起工作，要虚心地向他们学习。学什么呢？老科学家有丰富的学识，有很多成功的经验，值得我们认真学习；更重要的是还要学习他们失败的经验，看他们碰到困难遭到挫折时如何对待，如何解决，这种经验最为宝贵。不要认为科学研究是一帆风顺的，一搞就成功。在科学研究的历史上，失败的工作比成功的工作要多得多。一切发明创造都是经过许多失败的经历而后成功的。科学家的成果在报纸杂志上发表了，出了书，写的自然大多是成功的经验，但这只是整个劳动的一部分，而在成功的背后，有着大量的失败的经历。如果我们把那些失败的经验学到手，学好，我们就不会怕了。否则就会怕，或者会觉得成功是很简单的事。譬如一个中学生向数学老师问一道难题，第二天，数学老师就在黑板上写出了答案，看起来老师是完成了自己的任务，但是还差一点，就是老师没有把寻求这道难题答案的思索过程告诉学生，就像是只把做好了的饭拿出来，而没有做饭的过程。老师为了解难题可能昨天夜里苦思苦想，查书本，找参考，甚至彻夜未眠。学生只看到了黑板上的答案，而不知道老师为寻求这个答案所经历的艰苦过程，就会以为数学老师特别聪明。只看到老科学家的成果，不了解获得这些成果的过程，也会觉得老科学家是天才，我们则不行。所以我们既要学习老科学家成功的经验，也要学习成功之前的各种失败经验。这样，才学到了科学研究的一个完整过程，否则只算学了一半，也许一半都没有。科学研究中，成功不是经常的，失败倒是经常的。有了完整的经验，我们就不会在困难面前打退堂鼓。

知识、学识、见识

人们认识事物有一个由感性认识到理性认识的过程，学习和从事科学研究，也有一个由"知"到"识"的过程。我们平常所说的"知识""学识""见识"这几个概念，其实都包含了两面的意思，反映了认识事物的两个阶段。"知识"是先知而后识，"学识"是先学而后识，"见识"是先见而后识。知了，学了，见了，这还不够，还要有个提高过程，即识的过程。因为我们要认识事物的本质，达到灵活运用，变为自己的东西，就必须知而识之，学而识之，见而识之，不断提高。孔子说："学而不思则罔（wǎng），思而不学则殆（dài）。"这两句话的意思是说，只学，不用心思考，结果是毫无所得；不学习，不在接受前人成果的基础上去思考，也是很危险的。学和思，两者缺一不可。我们不仅应该重视学，更要把所学的东西上升到识的高度——如果有人明明"无知"，强以为"有识"，或者只有一点知就自恃为有识了，这是自欺欺人的人。知、学、见是识的基础，而识则是知、学、见的更高阶段。由知、学、见到识，是"去粗取精、去伪存真、由此及彼、由表及里"的过程，非如此，不能进入认识的领域。一般说来，衡量知、学、见是用广度，好的评语是广，是博；衡量识是用深度，好的评语是深，是精。因而，我们对知识的要求是既要有广度，又要有深度，广博深精才是对知识丰富的完好评语。一个人所知、所学、所见的既广博，理解得又深刻，才算得上一个有知识、有学识、有见识的人。

古时候曾经有人用"一目十行""过目不忘"之语来称赞某人有学识，究其实质，它只说出这人学得快、记性好的特点罢了；如果不加其他赞词，这样的人，充其量不过是一个活的书库，活的辞典而已。见解若不甚高，比起"闻一知三""闻一知十"的人来，相去远矣。因为一个会推理，而一个不会。会推理的人有可能从"知"到"识"，会发明创造；而不会推理者只能在"知"的海洋里沉浮。淹没其中，冒不出头来，更谈不上高瞻远瞩了。现在也往往有人说：某学生优秀，大学一二年级就学完了大学三年级课程；或者某教师教得好，一年讲了人家一年半的内容，而且学生都听懂了。这样来说学生优秀、教师好是不够的，因为只要求了"知"的一面，而忽略了"识"的一面。其实，细心地读完了几本书，仅仅是起点，而真正消化了书本上的知识，才是我们教学的要求。搞科学研究更是如此。有"知"无"识"之人做不出高水平的工作来。并不是熟悉了世界上的文献，就成为某一部门的"知识里手"了，还早呢！这仅仅是从事研究工作的一个起点，也并不是在一个文献报告会上能不断地报告世界最新成就，便可以认为接近世界水平了，不！这也仅仅是起点，具有分析这些文献的能力，才是科学研究工作的真正开始，前者距真正做出高水平的工作来，还相差一个质的飞跃阶段。我们在工作中多学多知多见，注意求知是好的，但不能以此为满足。有些同志已经工作好几年了，再不能只以"知"的水平来要求自己，而要严格检查自己是否把所学所知所见的东西提高到识的水平了。对于新参加工作的同志，也不能只要求他们看书，看资料，还要帮助他们了解、分析、提炼书和资料中的关键性问题，帮助他们了解由"知"到"识"的重要性。

从"知""学""见"到"识"，并不是一次了事的过程，而是不断提高的过程。今天认为有些认识了的东西，明天可能发现自己并未了解，也许竟把更内在更实质的东西漏了。同时在知、学、见不断扩充的过程中，只要我们有"求识欲"，我们的认识就会不断提高，而"识"的提高又会加深对知、学、见的接受能力，两者相辅相成，如钱塘怒潮，一浪推着一浪地前进，后浪还比前浪高。

以上所讲的只是我自己心有所感，在工作中经常为自己的知不广识不高所困恼，因而提出来供青年同志们做参考，说不上什么经验，更不能说有什么成熟的看法。

（原载 1962 年第 12 期《中国青年》）

和青年谈学习

同学们常常希望我和大家谈谈学习问题，我虽然比一般年轻人大一些，可是至今仍然在摸索中学习，在不断失败中取得教训来进行学习。对于学习，我还没有一套成熟的经验，没有一套好办法，但有一个愿望，准备一辈子学，一辈子不灰心地学，绝不因为一时的挫折而降低学习的热诚和决心。

科学是老老实实的学问，半点虚假不得。因此，我老老实实地先交代一下，才转入正题。下面谈的，也希望大家思考一下，看看哪些是对的，哪些是不对的，哪些是可以吸收加工的，哪些是应该扬弃的。这样，也许可以吸收到人家一点有益的东西，避免犯人家的缺点。

要有雄心壮志

现在我们处在一个伟大的时代，我们要把祖国建设成为一个强国。担负着这样的任务，每个青年应当树立起雄心壮志，以蓬蓬勃勃的朝气，善于学习，敢于创造，敢于继往开来，敢于做些史无前例的大事业。

但这并不是说，搞尖端的科学研究，搞创造发明才需要雄心壮志，搞一般工作就不需要雄心壮志。任何工作都可以精益求精。所谓"行行出状元"，没有雄心壮志的人，是不可能主动地把工作搞得很出色的。有些人以为参加农业劳动就不要雄心壮志了，其实不然，如果某人的努力，能增加农业产量百分之一，这就是一件了不起的事情。而要做到这样，就得树立雄心壮志。也有人以为，教中小学不需要雄心壮志，这也是不对的。培养下一代，是国家建设中一项最基本的工作。认为当中小学教师不必去艰苦钻研学问，这是一种泄气的看法，不是一种力争上游的看法。北京市一个小学教师说过："小学生要的可能是一杯水，但是我们得准备满满一壶水，才能充分满足他们的需要。"这话很有道理，当一个名副其实的、优秀的教师，就需要多多积累知识，使饥渴的青少年能得到满足。我个人的经验也是如此，我有时担任大学一年级的数学课程，比高三仅仅高了一年，但在我的教学过程中，深深感到我的知识不是够了、多了，而是大大地不足。我经常发现新的、更好的材料或讲授方法，我经常觉得我的教学大有改进的余地，写好了的讲稿，讲了之后就发现许多不足之处。古人说的教学相长，的确大有道理。我想，做任何工作都绝不可得过且过，平平庸庸，应付门面，而是应该精益求精，不断改进。

要飞上天，还得从地上起程

与雄心壮志相伴而来的，应是老老实实、循序渐进的学习方法。雄心壮志并不是好高骛远、急躁速成，它和空想不同之处在于：有周密的计划——踏踏实实地安排好实现计划的具体步骤。使我们通过努力，能一步步地接近目标。例如上天，谁不想上天？嫦娥、孙行者式的上天，只是幻想、神话而已。要飞上天，还得从地上起程。晚唐词人韦庄有两阕《喜迁莺》："人汹汹，鼓冬冬，襟袖五更风。大罗天上月朦胧，骑马上虚空。香满衣，云满路，鸾凤绕身飞舞。霓旌绛节一群群，引见玉华君。""街鼓动，禁城开，天上探人回。凤衔金榜出云来，平地一声雷。莺已迁，龙已化，一夜满城车马。家家楼上簇神仙，争看鹤冲天。"这是词人的幻想，幻想虽然美丽，但真正要做到天上归来，带着科学资料出云来，还是要依靠多少年来无数人的踏踏实实的努力。

有人在中学里就要自学量子力学，算不算雄心壮志？这可能太早了一些。不了解力学，不了解微积分，而自以为可以读懂量子力学，这是不可想象的事。我们要扩大眼界，但是先不要忘记自己的知识水平。学习必须踏实，不能踏空一步。踏空一步，就要付出重补的代价；踏空多步，补不胜补，就会使人上不去，就会完全泄气。不过，一旦发现自己在学习上有踏空现象的时候也不要怕，回头是岸，赶紧找机会来补，不要不好意思。不补永远是个洞，补了就好了，就纠正了一个缺点，走起来就更踏实、更稳更快了。

对"懂"的要求

做学问功夫，基础越厚，越牢固，对今后的学习就越有利，越容易登高峰，攻尖端。得心应手地广泛用。有人说，基础宽些好，但到底多宽才好？有人为此而杂览群书。我的看法，打好基础的第一要求是：对于一些基本的东西，要学深学透，不要急于看力所不能及的书籍。什么叫学深学透？这就是要经过"由薄到厚""由厚到薄"的过程。

首先是"由薄到厚"。比如学一本书，每个生字都查过字典，每个不懂的句子都进行过分析，不懂的环节加上了注解，经过这一番工夫之后，觉得懂多了，同时觉得书已经变得更厚了。但这还不是懂的最后形式。最后还有一个"由厚到薄"的过程，必须把已经学过的东西咀嚼、消化，组织整理，反复推敲，融会贯通，提炼出关键性的问题来，看出了来龙去脉，抓住了要点，再和以往学过的比较，弄清楚究竟添了些什么新内容、新方法。这样以后，就会发现，书似乎"由厚变薄"了。

经过这样消化后的东西，就容易记忆，就能够得心应手地运用。

例如学数学，单靠记公式就不是办法，主要是经过消化，搞懂内容。"三角学"的公式很多，但主要的并没几个，其他公式都是由这些推出来的。其中主要的一个 $\sin^2\theta + \cos^2\theta = 1$，也不是新的，而是"几何学"上讲过的商高定理。

越学越快

也许有人觉得，这样书是读"深"了，但"广"不起来；也许有人觉得，这样学习可能进度慢了。其实不然，这样会愈学愈快。基础好了，以后只不过是添些什么新东西的问题，而不是再把整本书塞进脑子里去的问题。这样学，就把"广"化为"添"，添些本质上所不知道的东西，而不是把"广"化为"堆"，把同样的货物一捆一捆地往上堆。这样消化着学，是深广结合的学法，是较有效率的学法。学了之后，巩固难忘，那就不必说了。

打好基础的另一办法是经常练，一有机会就练，苦练活练，不要放过任何一个机会。比如说，学数学，最好不仅以会做自己学校里的试题为满足，旁的学校的试题也拿来做做，数学竞赛的试题也拿来做做；读报纸了，看到五年计划要求某种产品增加一倍，也不妨算算每年平均增加的百分比是多少。又如，弹道导弹的发射区的四点知道了，学数学的人，不妨想想从中能推出些什么，等等。

老师没有讲过的

在打基础的同时，还必须注意培养独立思考的能力。一切事物都在不断向前发展着，我们用老方法来处理新问题，必然有时不适合，或者不可能。针对新的问题，我们就必须独辟蹊（xī）径，创造新的办法来处理。老师没有讲的，书上查不到的，前人未遇到的问题，就要靠我们独立思考来解决。

培养独立思考的第一步，还是打好基础，多做习题，肯动脑筋，深透地了解定理、定律、公式的来龙去脉，但最好再想一下，那些结论别人是怎样想出来的，如果能看得出人家是怎样想出来的，那么自己也就有可能想出新东西来了。

牛顿的发现是偶然的?

强调独立思考，并不是不需要前人的经验，而恰恰是建立在广泛接受前人成就的基础上。我常举"苹果落地"的例子。其实牛顿不是光看苹果落地，而是经过长期学习，抓住了开普勒的天体运行规律和伽利略的物体落地定律，并且经过深思熟虑，一旦碰到自然界的现象，便比较容易地得到启发，因而看出它的本质而已。科学是老老实实的学问，不可能靠碰运气来创造发明，对一个问题的本质不了解，就是碰上机会也是枉然。入宝山而空手回，原因在此。

我们要虚心学习别人的成功的经验，还应注意别人失败的教训，看别人碰到困难遭到挫折时如何对待，如何解决，这种教训往往更为宝贵。不要光看到学者专家出了书，在报纸杂志上发表了文章，他们丢在废纸篓里的稿纸，远比发表的文章多得多。我们应该知道前辈学者寻求知识所经历的艰巨过程，学习他们克服困难、解决问题的方法。

勤能补拙，熟能生巧

最后，我再想谈一谈天才与学习的关系问题。有些人自己信心不足，认为学习好需要天才，而自己天才不够；又有一些人，自高自大，觉得自己有才能，稍稍学习就能够超过同辈。实质上，这两种看法都有问题。当然，我们不否认各人的才能不一样，有长于此的，有短于彼的，但有一样可以肯定：主动权是由我们自己掌握的，这就是努力。虽然我的资质比较差些，但如果用功些，就可能进步得快些，并且一般地讲，可以超过那些自以为有天才而干劲不足的人。

学问是长期积累的，我们不停地学，不停地进步，总会积累起不少的知识。我始终认为：天才是"努力"的充分发挥。唯有学习，不断地学习，才能使人聪明；唯有努力，不断地努力，才会出现才能。我想用一句老话来结束这篇文章："勤能补拙，熟能生巧。"

（原载 1962 年 12 月 8 日《羊城晚报》）

我从事科学研究工作的体会

在写这篇文章之前，我想到很多。第一，我知道我对科学研究还是一个小学生，既少成绩，也还缺乏经验。第二，即使有一些经验，也是极片面的；因为我所熟悉的仅仅是科学中的一部分——数学中的极小部分，其中的经验对于其他部分能否应用，是大可怀疑的。第三，我仍是一个年轻的科学工作者，工作虽有一些，但就整个的一生来说，还仅仅是开始，新经验还不断地在被发现，旧办法也不断地在被修正和否定；所以，很可能我今天所说的，在将来看来是极肤浅甚至于是错误的，当然更不要谈到它的完整性了。但我终于写了这篇文章，最主要的是由于我觉得：哪怕就是些点滴的体会，对那些比我更年轻的科学工作者来说，也许还有些参考作用。

科学研究要有坚实的基础

什么叫作坚实的基础？会背会默，滚瓜烂熟，是否就算已获得坚实的基础了呢？我认为不算的，并且，我认为这不是建立坚实基础的一种最好的途径。因为真正懂得前人的成果或书本上的知识的人，不一定要会逐字逐句地背诵；甚至完全相反，会逐字逐句背诵的人不一定就是真懂的人。

所谓"真懂"，其中当然包括搞懂书本上的逻辑推理，但更重要的还要包括以下一些内容：必须设身处地地想，在没有这定律（或定理）之前，如果我要发现这一条定律（或定理）是否可能。如果可能，那是经过怎样的实践和思维过程获得它的。不消说，在研究证明的时候，更重要的是理解其中的中心环节。因为对中心环节的了解，有时可以把这证明或这定理显示得又直接又简单。同时真正理解一本书或一章节的中心环节，对理解全部内容也往往是带有决定性的作用的。不但如此，它还可以帮助记忆，因为由理解而被记忆的东西比逐字逐句的记忆更深刻，更不易忘掉；而逐字逐句的记忆法，如果忘掉一字一句就有极大的可能使全局皆非。

学完一本书（或一篇文章）之后，还必须做些解剖工作。对其中特别重要的结论，必须分析它所依赖的是本书上的哪些知识。很可能一条定律是写在第二百五十页上的，但实际上所需要的仅仅是其前的散见各处的二三十页。这种分析工作做得愈透彻，在做研究工作时就运用得愈方便。在研究中可能遇到同第二百五十页相仿的问题，如果没有做过解剖工作的人在解决这样的问题时，就会牵涉到二百五十页，而做过解剖工作的人，他只需考虑二三十页就可以了。

解剖固然重要，但不要忘掉解剖后的综合。换言之，中心环节之间的关系不可不注意，就是能认识到它们之间毫无关联也好。因为这样的结论可以帮助我们做一个初步结论。如果在较高阶段又发现了它们之间是有关联的，那可以帮助我们体会到我们的认识又提高了一步。这比囫囵（hú lún）吞其始，囫囵吞其终的好得多。读完了一本书，还有必要把这本书的内容和已往所读的联系起来，例如：在大学数学系学代数中的二次型的时候，就必须和中学里所学的几何的圆锥曲线联系起来看。在学习积分方程对称核的时候，又必须和代数的二次型联系起来看。

也许有人说，以上所说的很多是大学教师授课时所应当注意之点。是的。大学教师应当把中心环节的指点说明提高到逐字逐句讲解之上，要把内容全面讲解清楚，而不要在枝节上兜圈子。应当把本门学科和其他相邻学科的关键讲解清楚。但最主要的还是要依靠自己，因为教师能指点的总是十分有限的，而我们可以自己了解的及需要我们自己去了解的，却是无穷无尽的。

讲到基础，凡是从事过科学研究工作或即将从事科学研究工作的人总会发问的：要多么大的基础？如果我们笼统地回答说，基础愈大愈好，是不解决问题的。因为很有可能搞了一生的基础，而基础还未打好。所以我们必须有一个具体标准，而又必须给它以充分发展的可能性。关于基础的具体标准，我认为在今天比较容易圆满答复：就是以大学毕业生的专业知识要求自己。但是切不要局限住自己，应当在专业研究的时候逐步扩大眼界，逐步扩大基础，以备在更大的基础上建立起更高的宝塔。局限自己的方法有时是不自觉的。例如：有些大学生看到了"数学通报"的问题解答栏中的问题，就认为这是中学水准的问题，因而不加顾盼。中华人民共和国成立前有些学习几何的同学对代数就丝毫不留意，更不必说学数学的对力学不留意了。这种思想方法是会引导人进入牛角尖而不自觉的。当然重点是必不可少的，专业是不可不固定的（至少在某一阶段相当长的一个时期内不要任意转移）；但是也不要放弃任何可以扩大眼界、扩大研究领域的机会。

独立思考能力和导师

在从形式主义的了解中解放出来之后，独立思考能力就成为搞好研究工作的中心环节。独立思考能力是科学研究和创造发明的一项必备才能。在历史上任何一个较重要的科学上的创造和发明，都是和创造发明者的独立地深入地看问题的方法分不开的。因为唯有如此，才能超越成规，不为前人的结论所局囿（yòu），深入事物本质，

独辟蹊径，作出新的结论。由于一切事物都在不断地发展着，昨天已经获得的成果，固然一方面变成了我们知识上的财富，但另一方面，也带来了一些偏颇之见。如果把已往的方法一成不变地用来研究今天的事物，便不一定能够解决问题，获得成果。在发现某些问题不能用已往的方法来解决的时候，我们就必须创造新方法，如此，便必须依赖于突破前人成规的独立思考能力。

由于科学的本质和它在历史上发展的过程，我们可以体会到科学乃是逐步深入、乃至无限深入的。由于科学是千变万化的，因之往往每去掉一层障碍就发现一些真理。在突破这层层障碍的时候，往往要用和已往迥（jiǒng）然不同的新的独创的方法，才能获得成功；所以科学上的不断进展，是必须依靠独创精神的。也许如此说并不是过分的，独立思考是取得正确认识的必要方法，也是科学中克服困难的不二法门。很多例子可以说明：有些大学生在学校中功课学得很好，在教师指导下也是优等学生，但一旦离开学校参加工作，就停滞不前，遇到困难便束手无策。这种现象就是由于只跟教师学得了若干知识，而并没有获得独立思考的本领之故。

独立思考和不接受前人的成就是毫无共同之点的。如果有人认为研究工作是独创性的，只要独立深思，不需要多读书、多接受前人的经验，这种看法也是错误的。这样的看法会把人引入前人已走过的失败的道路，因而白费精力。以数学上的"三分角"为例吧，由于无知，有些人还硬想用圆规和直尺来三分任意角，这便是精力浪费。因为三分任意角是中世纪的著名难题。但今天已经完全解决了（即已证明用圆规、直尺三分任意角是不可能的）。如果我们不肯接受前人成果，仍把自己的知识停滞（zhì）在中世纪的水准上，盲目地来进行这种无益的研究，当然就无怪乎要和中世纪的"三分角家"一样地浪费精力了！

　　独立思考和不需要导师也是并不相容的。优良的导师有无数成功的和失败的经验，特别是后者，往往是在书本上不易找到的——因为书本上仅仅记录了成功的创作，而很少记录下在发明之前无数次失败和无数次逐步推进的艰苦思索过程。而优良的导师正如航行的领航者一样，他可以告诉你哪儿有礁（jiāo）石，哪儿是航道。但是有一点必须指出，不独立思考，一味依赖导师也是要不得的，因为导师也有主观或思索不到之处。另一方面，没有导师也不必自馁。照我个人的经验，由于自修的关系，我对中学、大学程度的知识都进行了研究，当然花费了不少的时间和精力，但我并不后悔，因为在今天，我在研究工作中所以能够自如地运用任何初等数学部分，都不能不归功于我早年的关于初等数学的研究功夫。同时，每一个初走上研究道路的同志还必须看到，由于我国科学工作的幼稚，能胜任的导师不是很多。所以，我们必须坚强地树立起这样的信念：有优良导师我们跟着他较快地爬过一段山路，再独立前进；如果没有，我们便应当随时随刻地准备着披荆斩棘地奋勇前进！

进行研究工作前的思想准备

最先应当提出的一点就是不要轻视容易解决的问题和忽视点滴工作。科学之所以得有今日，并不是由于极少数的天才一步登天般地创造出来的，而是由于积累，长期的一点一滴地积累而得来的；所以，尽管是一点一滴，也不应该忽视。因为江河之形成正是由于点滴的聚汇。且任何一个成功的科学工作，如果分析一下，都是由于不少步骤所组成的。由第一步看第二步，是容易的，较直觉的；由前一步看后一步，也莫不如此。但是，一连若干步贯穿起来，这便成为一件繁难而深入的工作了。所以如果任何人轻视在科学实践中的点滴工作，也便一定不会有较大的创造发明。

轻视点滴工作的现象是相当普遍的，我自己也有过这样的痛苦教训。在了解容易了解的部分时，如果漫不经心，在应用时就不能得心应手。当然，我并不是鼓励人们停滞在搞容易解决的问题的阶段上。我的着眼点是从容易入手，而主要是逐步深入，一步不苟地进入科学内核之中。

不轻视点滴工作，才能不畏惧困难。而不畏惧困难，才能开始研究工作。轻视困难和畏惧困难是孪生兄弟，往往出现在同一个人的身上。我看见过不少青年，眼高手低，浅尝辄止，忽忽十年，一无成就，这便是由于这一缺点。必须知道，只有不畏困难、辛勤劳动的科学家，才有可能攀登上旁人没有登上过的峰顶，才有可能获得值得称道的成果。所谓天才是不足恃的，必须认识，辛勤劳动才是科学研究成功的唯一的有力保证。天才的光荣称号是决不会属于懒汉的！

在刚进入科学领域的时候，还必须在思想上准备遭受可能的挫折和失败。受了挫折和失败之后，不要悲观失望，而应当再接再厉，勇敢前进。哪一个科学家没有经历过失败的苦痛呢？甚至，如果总结起来，每一个科学家都不能不有这样的感觉：他所走过的失败的道路比他所走过的成功的道路并不少些。但科学文献仅刊载了成功的记录，因而显不出科学家的"胜败乃兵家之常"的情况。但我们必须注意一点，就是从失败中取得经验教训。如果我们向一个困难问题进攻，而遭到失败，那我们必须弄清楚究竟是什么东西招致失败的。

雄心是要有的，但更重要的是步步可行的计划，不要一开始就抱着"一鸣惊人"的思想。必须认识，在科学中出类拔萃（cuì）的工作固然重要，但大量的平凡的工作也是推进科学进展的重要部分。

（原载 1955 年 3 月 1 日《人民日报》）

谈谈同学们学科学的几个问题

我们的祖国正以高速度前进。凡是热爱祖国的人，没有一个不感觉到无限兴奋的。在这种情况下，青年们正饥渴般地吸取科学成果，准备将来完成建设我们祖国的光辉任务。在这里，我准备谈一谈我所最不敢谈的问题——怎样才能学好科学。希望能多少有助于正向自然科学进军的青年同学们。

学科学需要热诚，更需要持久的热诚

不经过黑暗的人，不知道光明的可贵；不经过严冬酷寒的人，不知道春日的可亲。旧社会的过来人羡慕新社会中成长的青年。在旧社会里，政权操在剥削阶级的手里，要想做一个于人民有利的科学家是不易的，但在今天的新社会里，就完全不同了。我们对科学的致力，也就是对人民的贡献；科学上的发明和发现，也就是人民的瑰（guī）宝。所以，在今天我们已经有了条件可以放心大胆地全心全意地搞科学了。

在这样光辉的时代里，每个青年当然都会有学习科学的无比热诚。但我还要提醒大家一句，仅仅有一时的热诚还是不够的，还须要有连续的持久的热诚。所谓持久，也不是指十天半个月，一年两年；也不是说中学六年，大学四年；也不是说大学毕业之后再干三年五载，而是说无限期的持久。

如果说科学是有止境的，到达了之后可以休息，那是无稽（jī）之谈。科学是精益求精，日新月异，永远前进的。科学成就是由一点一滴积累起来的。唯有长时期的积聚才能由点滴汇成大海。科学本身在经常不断地考验自己，在经常考验中把人类的经验积累起来，这样，才会解决更大的问题，才会更完整地解决问题。

"一曝十寒"固然要不得，就是"一曝一寒"也要不得，我们需要不断地锻炼，不断地提高；我们需要经常地紧张工作；我们需要有持久的热诚。经验告诉我们，在科学领域里，成功的科学家几乎没有一个不是辛劳的耕耘者。不少例证说明，科学上的重要发现，是在科学家脑海中反复深思达二三十年之久方始成熟的。因而要想顺手捡来伟大的科学发明是不可想象的；唯有由于持久热诚所支持着的不断努力，才是能有所成就的唯一的可靠保证。

学科学要有雄心，但不能越级而进，更不能钻牛角尖

每一个想有所作为的青年都有为祖国大显身手的雄心。但如何可以达到这一目的呢？这不是仅仅具有雄心便可以达到的。我以为：必须依照实事求是的精神，来制定步步可行的精密计划。古语说得好，"登高必自卑，行远必自迩"。如果我们不从头做起，按部就班，那我们是不可能提到应有的高度的。

科学是累积性的东西，如果第一步不了解，第二步就会发生困难，而第三步更跟不上去，也许原来的目的想跳过一步，求快，但结果呢？反而搞成了不能前进。

我曾见过好高骛远的人的失败的情况：对初级课程自以为念过了，懂得了，而高深的却钻不进去，很窘（jiǒng）。我以为学科学的要点在于一步不懂，不要轻易地去跨第二步；并要有坚持性，一天不懂再研习一天。只有这样，科学的宝塔才会逐渐建筑得又高又大，不然有如沙上建塔，必塌无疑。

我想告诉青年们一件非常遗憾的事。在近两三年来，我收到成百封关于研究用圆规及直尺三分任意角的信件，同时我也听说有人收到成百封关于发明了永动机的信件。这两个问题戕（qiāng）害了不少青年，因为这是已经解决了的"不可能"问题，搞这问题的青年大部分都是成绩优异的青年，但他们把宝贵的时光花在这毫无出路的研究工作上。他们中的一部分是受了无知者的影响，而另一部分则是为他自己的"雄心"所害。因为想一举成名，他们不肯脚踏实地地去深入研究这些问题之所以不可能的论证，企图乱撞瞎碰，偶然得到成功，但实际上这样是根本不会成功的。同样的时间，同样的精力，如果脚踏实地去做，有可能把自己提到更高的水准。越级而进和钻牛角尖，只会把自己送进不可自拔的泥坑。

唯有按部就班地前进，唯有步步踏实地钻研，才可化雄心为现实。在这样基础上生长的雄心，才不是幻想，才不是白昼梦。

学科学要能创造，但也要善于接受已有的成果

研究科学最宝贵的精神之一，是创造的精神，是独立开辟荒原的精神，科学之所以得有今日，多半是得力于这样的精神，在"山穷水尽疑无路"的时候，卓越的科学家往往另辟蹊径，创造出"柳暗花明又一村"的境界。所以独立开创能力的培养，是每一个优秀科学家所必须具备的优良品质之一（注意：独立不是孤立）。独立开创与拒不接受他人的经验并无丝毫相同之处。科学的工作如接力赛跑，人愈多，路程也便会跑得愈远。我所理解的"开创"，应当是基本上了解了前人成果之后的开创工作。因为在愈高的基础上努力，所得的结果也更高。如前文所说的三分角、永动机的研究者，如果肯吸收前人的经验，就不会白白浪费精力与时间。因为这

两个问题的结论，正是建筑在若干世纪以来科学家们的无数次失败的经验之上的，我们又何苦、更何必再走回头路呢？

但学习前人的经验，并不是说要拘泥于前人的经验，我们可以也应当怀疑与批评前人的成果。但怀疑和批评必须从事实出发，必须从了解旁人出发，如此才可以把新的结论建筑在更结实的基础上面。

一个人的生命是有限的、短促的，如果我们要把短短的生命过程使用得更有效力，我们最好是把自己的生命看成是前人生命的延续，是现在共同生命中的一部分，同时也是后人生命的开端。如此地继续下去——整体般地继续下去，科学就会一天比一天更光明灿烂，社会也就会一天比一天更美好繁荣。总之，我们要善于总结及利用前人的经验，再在已有的经验上进一步地提高——发展性或创造性地提高，更为后人开辟道路。

学科学须注意原则，但也不要任意忽视小点滴

学科学必须要掌握原则，这几乎是人所共知的重要

法则。但仅仅是了解了原则还是不够的，而必须要会灵活运用。如何才能达到这样的目的？唯有经常地在实践中锻炼，反复地锻炼，因为原则不是凭空而来的，是从具体的点滴的客观事物积累抽象而成的，原则之所以有用，也正是由于它在具体事物中存有普遍性的作用。空谈原则，那是根本无法对科学有真正的认识的，因为这样的态度根本不是科学的态度；并且有时小点滴正是供给人们修改原则的资料，或是发现新原理的可能性的重要根据。

自然科学的领域里，在原则与实际的问题之间，还有一中间环节，这中间环节谓之技巧。不通过技巧，有时原则性的理论也不容易运用到具体问题上去。例如，虽然我们知道了，熟读了几何上的公理，但在实际证题时依然有时有技术上的困难。关于技巧的获得，必须经过苦练；不但如此，在获得了技巧之后，还必须经常温习，俗语说的"拳不离手，曲不离口"，就是这样的情况。所以学科学的人必须经常地不轻易放松训练自己的机会。因为唯有如此，才会"熟能生巧""推陈出新"。切不可以为我懂了大道理了，我懂了较高深的部分了，而对较浅的、较易的部分产生了"不值一顾"的看法。这种态度将会使我们生疏了已获得的技术，因而难以再进一步。

（原载 1953 年 3 月 3 日《中国青年报》）

和同学们谈谈学习数学

数学是一门非常有用的科学，我想同学们一定都知道。我们要建设祖国，保卫祖国，必须有数学知识。而数学是一切科学有力的助手，我们掌握了数学，才能进入科学的大门。在日常生活里，我们也到处要用到数学。你们现在学的算术、代数、几何，都是数学里极基本的一部分，应当学好它。

数学的用处还不止这些。加里宁曾经说过，数学是锻炼思想的"体操"。体操能使你身体健康，动作敏捷。数学能使你的思想正确，敏捷。有了正确、敏捷的思想，你们才有可能爬上科学的大山。所以，不论将来做什么工作，数学都能给你们很大的帮助。

有的同学说："数学的重要我知道，可是太难了。

我看见数学就头痛，对它实在没有兴趣。"

数学真的很难吗？我看不是。数学既然是思想的"体操"，那也就和普通的体操一样，只要经常锻炼，任何人都可以达到一定的标准。拿跳高来说，任何人只要经过适当的锻炼，都能跳过一米二。数学也一样，只要经常锻炼，经常练习，就能达到一定标准，并不需要任何天才。

以我自己来说，我在小学里，数学勉强及格。初中一年级的时候，也不见得好。到了初中二年级才有了根本上的改变。因为我那时认识了这一点：学习就是艰苦的劳动，只要刻苦钻研，不怕困难，没有解决不了的问题。旁的同学用一小时能解决的问题，我就准备用两小时解决。是不是别人一小时的工作，我一定要用两小时呢？那也不见得；由于我不断地刻苦练习，后来别人要花一小时才能解决的问题，我往往只要用半小时，甚至更短的时间就解决了。

不怕困难，刻苦练习，是我学好数学最主要的经验。我就是这样学完了基础的数学。这一宝贵的经验，直到今天，对我还有很大的用处。我和其他数学家研究问题的时候，当时虽然都懂了，回来我还要仔细地思考研究一遍。我不轻视容易的问题，今天熟练了容易的，明天碰到较难的也就容易了。我也不害怕难的问题，我时刻准备着在必要时把一个问题算到底。我相信，只要辛勤劳动，没有克服不了的困难，没有攻不破的堡垒。

还有些同学说："数学就是太枯燥，又是数字，又是公式，一点没有趣味。"数学是不是很枯燥，很没有趣味呢？我想：你们既然知道祖国建设需要数学，怎么还会感觉数学没有趣味呢？其实，数学本身，也有无穷的美妙。认为数学枯燥无味，没有艺术性，这看法是不正确的。就像站在花园外面，说花园里枯燥乏味一样。只要你们踏进了大门，你们随时随地都会发现数学上也有许许多多趣味的东西。我现在举个极简单的例子："我家有九个人，每人每天吃半两油，一个月（以三十天算）共吃几斤几两？"① 这个问题，我想你们都会算，算式是：$\frac{1}{2} \times 9 \times 30 \div 16$。但是如果你们动一动脑筋：每人每天半两，每人每月不是一斤差一两吗？九人每月吃油

---

① 当时使用的是一斤十六两制。

就是九斤差九两，即八斤七两。算起来岂不又快又方便？你们还可以把一个月当三十一天，用上面两个方法算一算，比较一下，就知道数学是怎样有趣、怎样活泼的一门科学了。同学们，在长知识的时候，数学是你学习其他科学有力的助手，我希望你们把数学学好！只要不怕困难，刻苦练习，一定学得好。

（原载 1955 年 1 月《中学生》）

学习和研究数学的一些体会①

　　人贵有自知之明。我知道，我对科学研究的了解是不全面的。也知道，搞科学极重要的是独立思考，各人应依照各人自己的特点找出最适合的道路。听了别人的学习、研究方法，就以为我也会学习研究了，这个就无异于吃颗金丹就会成仙，而无需经过勤修苦练了。

　　今天把我五十年来的经验教训，所见所闻、所体会的向你们介绍，目的在于尽可能把我的经验作为你们的借鉴，具体问题具体分析、具体的个人应当想出最适合自己的有效方法来。

---

　　①　本文是对中国科技大学研究生们的讲话。

一　我第一点准备和同志们谈的问题是速度、是效率

速度是实现国家现代化的保证。例如说像我这样又老又拐的人，我在前头走你们赶我不费劲，一赶就赶上，而我要赶你们，除非你们躺下来睡大觉，否则我无论如何是赶不上的。现在世界上科学发展很快，我们如果没有超过美国的速度和效率就不可能赶上美国。我们没有超过日本的速度和效率，我们就不可能赶上日本。如果我们的速度仅仅和美、日等国一样，那么也只能是等时差地赶，超就是一句空话。所以说，我们应当首先在速度和效率上超过他们。

但要我们的速度和效率超过他们有没有可能呢？这似乎是一个大问题，其实不然，我在美国待过，在英国待过，也在苏联待过。我看到他们的速度不是神话般的快不可及。我们是赶得上超得过的！我们许多美籍华人，如果他们的速度不能超过一般的美国人的话，也就不会成为现代著名的科学家了。所以事实证明，只要我们努力下功夫，赶超是完全可以的。就以我自己来说，

我是 1936 年到英国的，在那里待了两年，回国后在昆明乡下住了两年，1940 年就完成了堆垒素数论的工作。1950 年回国后，在 1958 年之前，我们的数论、代数、多复变函数论等等都达到了世界上的良好的水平。所以经验告诉我们，纯数学的一门学科有四五年就能在世界上见头角了。你们现在时代更好了，在这样的条件下边，我敢断言，只要肯下功夫，努力钻研，只要不浪费一分一秒的时间，我们是能够赶上世界先进水平的。特别是我们数学，前有熊庆来、陈建功、苏步青等老前辈的榜样，现在又有许多后起之秀，更多的后起之秀也一定会接踵而来。

二　消化

抢速度不是越级乱跳，不是一本书没有消化好就又看一本，一个专业没有爬到高处就又另爬一座山峰。我们学习必须先从踏踏实实地读书讲起。古时候总说这个人"博闻强记""学富五车"。实际上古人的这许多话到现在已是不足为训了，五车的书，从前是那种大字的书，我想一个指甲大小的集成电路就可以轻松装下。现在也有相似的看法，说某人念了多少多少书，某人对世界上的文献记得多熟多熟，当然这不是不必要的，而这只能说走了开始的第一步，如果不经过消化，实际抵不上一个图书馆，抵不上一个电子计算机的记忆系统。人之所以可贵就在于会创造，在于善于吸收过去的文献的精华，能够经过消化创造出前人所没有的东西。不然人云亦云世界就没有发展了，懒汉思想是科学的敌人，当然也是社会发展的敌人。

什么叫消化？检验消化的最好的方法就是"用"。会用不会用，不是说空话，而是在实际中考验。碰到这个问题束手无策，碰到那个问题又是一筹莫展，即使他能写几篇模仿性的文章，写几本抄抄译译著作，这同社会的发展又有什么关系呢？当然我不排斥初学的人写几篇模仿性的文章，但决不能局限于此，须发皆白还是如此。

消化，只有消化后，我们才会灵活运用。如果祖国建设需要我们，我们就会为祖国服务，解决问题，贡献力量。客观的问题上面不会贴上标签的，告诉你这需要用数论，那个是要用泛函，而祖国建设所提出来的问题是各种各样无穷无尽的，想用一个方法套上所有的实际问题，那就是形而上学的做法。只有经过独立思考和认真消化的学者，才能因时因地根据不同的问题，运用不同的方法真正解决问题。

当然，刚才说消化不消化只有在实际中进行检验。但是同学们不一定就有那么多的实践机会，在校学习的时候有没有检查我们消化了没有的方法呢？我以前讲过，学习有一个"由薄到厚"，再"由厚到薄"的过程。真正懂，是一个"由厚到薄"的过程。也就是全书经过分析，扬弃枝节，抓住要点，甚至于来龙去脉都一目了然了，这样才能说是开始懂了。想一想在没有这条定理前，人家是怎样想出来的，这也是一个检验自己是否消化了的方法。当然，这个方法不如前面那种更踏实。总的一句话，检验我们消化没有，弄通没有的最后的标准是实践。是能否灵活运用解决问题。也许有人会说这样念书太慢了。我的体会不是慢了，而是快了。因为我们消化了我们以前念过的书，再看另一本书时，我们脑子里的记忆系统就会排除那些过去弄懂了的东西，而只注意新书中自己还没有碰到过的新东西。所以说，这样脚踏实地地上去，不是慢了而是快了。不然的话囫囵吞枣地学了一阵，忘掉一阵，再学再忘，白费时光是小，使自己"于国于家无望"事大。更可怕的是好高骛远。例如中学数学没学懂，他已读到大学三四年级的课程，遇到困难，但又不屑于回去复习，再去弄通中学的东西，这样前进，就愈进愈糊涂，陷入泥坑，难以自拔。有时候阅读同一水平的书，如果我们以往的书弄懂了，消化了，那么在同一水平书里找找以往书上没有的东西就可以过去了。找不到很快送上书架，找到一点两点就只要把这一两点弄通就得了，这样读书就快了，不是慢了。

读书得法了，然后看文献，实际上看文献和看书没有什么不同，也是要消化。不过书上是比较成熟的东西，去粗取精，则精多粗少，而文献是刚出来的，往往精少而粗多。当然也不排除有些文章，一出来就变成经典著作的情况，但这毕竟是少数的少数。不过多数文章通过不多时间就被人们遗忘了。有了吸取文献的基础，就可以搞研究工作。

这里我还要再强调一下独立思考。独立思考是搞科学研究的根本，在历史上，重大的发明没有一个是不通过独立思考就能搞出来的。当然，这并不等于说不接受前人的成就而"独立""思考"。例如有许多人，搞哥德巴赫猜想，对前人的工作一无所知，这样搞，成功的可能性是很小的。独立思考也并不是说不要攻书，不要看文献，不要听老师的讲述了。书本、文献、老师都是要的，但如果拘泥于这些，就会失去创造力，使学生变成教师的一部分，这样就会愈缩愈小，数学上出了收敛的现象。只有独立思考才能够跳出这个框框，创造出新的方法，创造出新的领域，推动科学的进步。独立思考不是说一个人独自在那里冥思苦想，不和他人交流。独立思考也要借助别人的结果，也要依靠他人的智慧。独立思考也可以补救我们现在导师的不足。导师经验较差，导师太忙顾不过来，这都需独立思考来补救。甚至于像我们过去在昆明被封锁的时候，外国杂志没处来，我们还是独立思考，想出新的东西来，而想出来的东西和外国人并没重复。即使有，也别怕。例如说，我青年时在家里发表过几篇文章，而退稿的很多，原因是别人说你的这篇文章那本书里已有此定理了，那篇文章在某书里也已有证明了等等。而对这种情况是继续干呢？还是就泄气呢？觉得上不起学，老是白费时间搞前人所搞过的东西。当时，我并没有这样想。在收到退稿时反而高兴，这使我明白，原来某大科学家搞过的东西，我在小店里也能搞出来。因此我还是加倍继续坚持搞下去了。我这里并不是说过去的文献不要看，而是说即使重复了人家的工作也不要泄气。要对比一下自己搞出来的同已有的有什么区别，是不是他们的比我们的好，这样就学习了人家的长处，就有进步，如果相比之下我们还有长处就增加了信心。

我们有了独立思考的能力，没有导师或文献不全，就都不会成为我们的阻力。相反，有导师我们也还要考虑考虑讲的话对不对，文献是否完整了……总之，科学事业是善于独立思考的人所创造出来的，而不是像我前面所说的等于几块集成电路的那种人创造出来的，因为这种人没有创造性。研究问题，要去粗取精，去伪存真，由此及彼，由表及里。做到这四点，就非靠独立思考不可，不独立思考就只能得其表，取其粗，只能够伪善杂存，无法明辨是非。

三 搞研究工作的几种境界

1. 照葫芦画瓢地模仿。模仿性的工作，实际上就等于做一个习题。当然，做习题是必要的，但是一辈子做习题而无创新又有什么意思呢？

2. 利用成法解决几个新问题。这个比前面就进了一步，但是我们在这个问题上也应区别一下。直接利用成法也和做习题差不多，而利用成法，又通过一些修改，这就走上搞科学研究的道路了。

3. 创造方法，解决问题，这就更进了一步。创造方法是一个重要的转折，是自己能力的提高的重要表现。

4. 开辟方向，这就更高了，开辟了一个方向，可以让后人做上几十年，成百年。这对科学的发展来讲就是有贡献。

我是粗略地分为以上这四种，实际上数学还有许多特殊性的问题。像著名问题你怎样改进它，怎样解决它，这在数学方面一般也是受到称赞的。在 20 世纪初希尔伯特（Hilbert）提出了二十三个问题。这许多问题，有些是会对数学的本质产生巨大的影响。费马问题我想这是大家都知道的。这个问题如用初等数论方法解决了，那没有发展前途，当然，这样他可以获得"十万马克"但对数学的发展是没有多大意义的。而库麦尔虽没有解决费马问题，但他为研究费马却创造了理想数，开辟了方向。现在无论在代数、几何、分析等方面，都用上了这个概念，所以它的贡献远比解决一个费马问题大。所以我觉得，这种贡献就超过了解决个别难题。

我对同志们提一个建议，取法乎上得其中，取法乎中得其下。研究工作还有一条值得注意的，要攻得进去，还要打得出来。攻进去需要理论，真正深入到所搞专题的核心需要理论，这是人所共知的。可是要打得出来，并不比钻进去容易。世界上有不少数学家攻是攻进去了，但是进了死胡同就出不来了，这种情况往往使其局限在一个小问题里，而失去了整个时间。这种研究也许可以自娱，而对科学的发展和社会的进步是不会有作用的。

四 我还想跟同学们讲一个字，"漫"字

我们从一个分支转到另一个分支，是把原来所搞分支丢掉跳到另一分支吗？如果这样就会丢掉原来的。而"漫"就是在你搞熟弄通的分支附近，扩大眼界，在这个过程中逐渐转到另一分支，这样，原来的知识在新的领域就能有用，选择的范围就会越来越大。我赞成有些同志钻一个问题钻许多年搞出成果，我也赞成取得成果后用"漫"的方法逐步转到其他领域。

鉴别一个学问家或个人，一定要同广同深联系起来看。单是深，固然能成为一个不坏的专家，但对推动整个科学的发展所起的作用，是微不足道的。单是广，这儿懂一点，那儿懂一点，这只能欺欺外行，表现表现他自己博学多才，不可能做出实质性的成果来。

数学各个分支之间，数学与其他学科之间实际上没有不可逾越的鸿沟。以往我们看到过细分割、各搞一行的现象，结果呢？哪行也没搞好。所以在钻研一科的同时，把与自己学科或分支相近的书和文献浏览浏览，也

是大有好处的。

五 我再讲一个"严"字

不单是搞科学研究需要严，就是练兵也都要从难从严。至于说相互之间说好听的话，听了谁都高兴。在三国的时候就有两个人，一个叫孔融，一个叫祢（mí）衡，祢衡捧孔融是仲尼复生。孔融捧祢衡是颜回再世。他们虽然相互捧得上了九霄云外，而实际上却是两个饭桶，其下场都是被曹操直接或间接地杀死了。当然，听好话很高兴，而说好话的人也有他的理论，说我是在鼓励年轻人。但是这样的鼓励，有的时候不仅不能把年轻人鼓励上去，反而会使年轻人自高自大，不再上进。特别是若干年来，我知道有许多对学生要求从严的教师受到责难。而一些分数给得宽，所谓关系搞得好的，结果反而得到一些学生的欢迎。这种风气的盛行使老师不敢真正对大家严格要求。所以我希望同学们主动要求老师严格要求自己，对不肯严格要求的老师，我们要给他们做一些思想工作，解除他们的顾虑。同样一张嘴，说几

句好听的话同说几句严格要求的话，实在是一样的，而且说说好听话大家都欢迎，这有何不好呢？并且还有许多人认为这样是团结的表现。若一听到批评，就认为不团结了，需要给他们做思想工作了等等。实际上这是多余的，师生之间的严格要求，只会加强团结，即使有一时想不开的地方，在长远的学习、研究过程中，学生是会感到严师的好处的。同时对自己的要求也要严格。

我上面谈到过的消化，就是"严"字的体现，就是自我严格要求的体现。一本书马马虎虎地念这在学校里还可以对付，但是就这样毕了业，将来在工作中间要用起来就不行了。我对"严"还有一个教训，在 1964 年，我刚走向实践想搞一点东西的时候，在基层有一位工程师，出于珍惜国家财产的心情，就对我说："雷管现在成品率很低，你能不能降低一些标准，使多一些的雷管验收下来。"我当时认为这个事情好办，我只要略略降低一些标准，验收率就上去了。但后来在梅花山受到了十分深刻的教训。使我认识到，降低标准 1%，实际就等于要牺牲我们四位可爱的战士的生命。这是我们后来搞优选法的起点。因为已经造成了的产品，质量不好，我们把住关，把废品卡住，但这并不能消除由于废品多而造成的损失。如果产品质量提高了，废品少了，那么给国家造成的损失也就自然而然地小了。我这并不是说质量评估不重要，我在1969年就提倡优选法，不过我们搞优选法的重点就在预防。这就和治病防病一样，以防为主。搞优选法就是防止次品出现。而治就是出了废品进行返工，但这往往无法返工，成为不治之症。老实说，以往我对学生的要求是习题上数据错一点没有事，但是自从那次血的教训，我得到深刻的教育。我们在办公室里错一个1%，好像不要紧，可是拿到生产建设的实践中去，就会造成极大的损失。所以总的一句话，包括我在内，对严格要求我们的人，应该是感谢不尽的。对给我们戴高帽子的人，我也感谢他，不过他这个帽子我还是退还回去，请他自己戴上。同学们，求学如逆水行舟，不进则退。只要哪一天不严格要求自己，就会出问题。当然，数学工作者从来没有不算错过题的。我可以这样说一句，天下只有哑巴没有说过错话；天下只有白痴没想错过问题；天下没有数学家没算错过题的。错误是难免要发生的，但不能因此而降低我们的要求。我们要求是没有错误，但既然出现了错误，就应该引以为教训。不负责任的吹嘘，虽然可能会使你高兴，但我们要善于分析，对这种好说恭维话的人要敬而远之。自古以来有一句话，就是：什么事情都可以穿帮，只有戴高帽子不能穿帮。不负责任地恭维人，是人类社会遗留下来的恶习，我们要尽快地把它洗刷掉。当然，别人说我们好话，我们不能顶回去，但我们的头脑要冷静、要清醒，要认识到这是顶一文钱不值的高帽子，对我的进步毫无益处。

实事求是，是科学的根本，如果搞科学的人不实事求是，那就搞不了科学，或就不适于搞科学。科学是来不得半点虚假的。我们要正确估价好的东西，就是一时得不到表扬，也不要灰心，因为实践会证明是好的。而不太好的东西，就是一时得到大吹大擂，不会多久也就会烟消云散了。我们要有毅力，要善于坚持。但是在发现是死胡同的时候，我们也得善于转移，不过发现死胡同是不容易的，不下功夫是不会发现的。就是退出死胡同时，也得搞清楚它死在何处，经过若干年后，发现难点解决了，死处复活了，我就又可以打进去。失败是经常的事，成功是偶然的。所有发表出的成果，都是成功的经验，同志们都看到了，而同志们哪里知道，这是总结了无数失败的经验教训才换来的。跟老师学习就有这样一个好处，好老师可以指导我们减少失败的机会，更快吸收成功的经验，在这个基础上又创造出更好的东西。还可以看到他的失败的经验，和山重水复疑无路，柳暗花明又一村，怎样从失败又转到成功的经验，切不可有不愿下苦功侥幸成功的想法。天才，实际上在他很漂亮解决问题之前是有一个无数次失败的艰难过程。所以同学们千万别怕失败，千万别以为我写了一百张纸了，但还是失败了，我搞一个问题已两年了，而还没有结果就丧失信心。我们应总结经验，发现我们失败的原因，不再重复我们失败的道路，总的一句话，失败是成功之母。

似懂非懂，不懂装懂比不懂还坏。这种人在科学研究上是无前途的，在科学管理上是瞎指挥的。如果自己真的知己和承认不懂，则容易听取大家的意见，分析大家的意见，尊重专家的意见，然后和大家一起做出决定来……特别对你们年轻人，没有经过战火的考验（战火的考验是最好的考验，错误的判断就打败仗，甚至于被敌人消灭），也没有深入钻研的经验，就不知道旁人的甘苦。如果没有组织科学研究的经验和能力，就必然陷入瞎指挥的陷阱。虽然他（或她）有雄心想办好科学，实际上会造成拆台的后果。所以我要求你们年轻人：（1）有对科学钻深钻懂一行两行的锻炼。（2）有把科学知识普及给群众的本领。

在两条不可得兼的时候，择其一也可。没有农民不下田就有大丰收的事情，没有不在机器边而能生产出产品的工人，脑力劳动也是如此，养得肠肥脑满，清清闲闲，饱食终日无所用心的科学家或科学工作组织者是没有的。

单凭天才的科学家也是没有的，只有勤奋，才能把天才真正发挥出来。天资差的通过勤奋努力，就可以赶上和超过有天才而不努力的人。古人说，人一能之己十之，人十能之己百之，这是大有参考价值的名言。

六　要善于暴露自己

不懂装懂好不好？不好！因为不懂装懂就永远不会懂。要敢于把自己的缺点和不懂的地方暴露出来，不要怕难为情。暴露出来顶多受老师的几句责备，说你"连这个也不懂"，但是受了责备后不就懂了吗？可是不想受责备，不懂装懂，就一辈子也懂不了。科学是实事求是的学问，越是有学问的人，就越是敢暴露自己，说自己这点不清楚，不清楚经过讨论就清楚了。在大的方面，百家争鸣也就是如此，每家都敢于暴露自己的想法，每家都敢批评别人的想法，每家都接受别人的优点和长处，科学就可以繁荣、昌盛。对问题不表态不好，明知不对也不敢暴露，这样就自然产生僵化，僵化是科学的死敌，科学就不能发展。不怕低，就怕不知底。能暴露出来，让老师知道你的底在哪里，就可以因材施教。同时，懂也不要装着不懂。老师知道你懂了很多东西，就可以更快地带着你前进。也就是一句话，懂就说懂，不懂就说不懂，会就说会，不会就说不会，这是科学的态度。

好（hào）表现，这似乎是一个坏事，实际也该分析一下。如果自己不了解，或半知半解而就卖弄他的渊博，这是真正的好（hào）表现，这不好。而把自己懂的东西交流给旁人，使别人以更短的时间来掌握我们的长处，这种表现是我们欢迎的，这不是好（hào）表现，这是好（hǎo）表现。科学有赖于相互接触，互相交流彼此的长处，这样我们就可以兴旺发达。

（原载 1979 年第 1 期《数学通报》）

数学是中国人所擅长的学科

从前帝国主义者不但在经济上剥削我们，在政治上奴役我们，使我国变成半殖民地半封建的国家；同时，又从文化上——透过他们所办的教会、学校、医院和所谓慈善机构——来打击我们民族的自尊和自信。政治侵略是看得见的，是要流血的；经济侵略是觉得着的，有切肤之痛的。唯有文化侵略，开始是甜蜜蜜的外衣，结果使你忘却了自己的祖先而认贼作父。这种侵略伎俩的妙处在不知不觉之中，有意无意之间，潜移默化地使得我们自认为事事落后，凡事不如人。无疑地，这种毒素将使我们忘魂失魄，失却斗志，因而陷入万劫不复的境地。

实际上我们中国人在人类史上，有过无比的睿智的

$$x^2 + x - 1 = 0$$

$$x = \frac{-1 + \sqrt{5}}{2} \approx 0.618$$

$$x = \frac{-1 - \sqrt{5}}{2} \approx -1.618$$

$$x^2 - x - 1 = 0$$

$$x = \frac{1 + \sqrt{5}}{2} \approx 1.618$$

$$x = \frac{1 - \sqrt{5}}{2} \approx$$

成就，即以若干妄自菲薄的人认为"非我所长"的科学而论，也不如他们所设想的那么空虚，那么贫乏，如果详细地一一列举，当非一篇短文所能尽，也不在笔者的知识范围之内，现在仅就我所略知的数学，提出若干例证，请读者用客观的态度，公正的立场，自己判断，自己分析，看看我们是否如帝国主义者所说的一般是"劣等民族"，是否如若干有自卑感的或中毒已深的人所说的"科学乃我之所短"一样不擅长数学。

在未进入讨论之前，我得先声明一下，我不是中国数学史家，我的学识也不容许我做深刻的研讨。本文的目的仅在向国人提示：数学乃我之擅长。至于发明时间的肯定，举例是否依照全面性的范畴，都未顾及。同时我也并非夸耀我民族的优点，而认为高人一筹的，我个人认为优越感和自卑感同是偏差。只有帝国主义者才区别人种的优劣，而作为人剥削人、人压迫人的理论基础。有发明的，发明得早的，固然是光荣；但没有早日发明的民族，并不足以证明他们的低劣，因为文化是经济及政治的反映，所以如果拿发明的迟早来衡量民族的智慧，那也是不公平的偏颇之论。

一　勾股各自乘，并之为弦实，开方除之，即弦也

有人提出：如果其他星球上也有高度智慧的生物，而我们要和他们通消息，用什么方法可以使他们了解？很明显的，文字和语言都不是有效的工具。就是图画也失却效用，因为那儿的生物形象也许和我们不同，我们的"人形"，也许是他那儿的"怪状"。同时习俗也许不同，我们的"举手礼"也许是他们那儿的"开打姿势"。因此有人建议，把本页的数学图形用来做媒介。而这图形正是我先民所创造的，见诸记载的就有两千年以上的历史了！当然这也是劳动人民的产物，用来定直角、算面积、测高深的。其创造当远在记录于书籍之前。我们古书所载还不仅此一特例，还更进一步地有："勾股各自乘，并之为弦实，开方除之，即弦也。"换成现代语："直角三角形夹直角两边的长的平方和，等于对直角的边长的平方。"这就是西洋所称的毕达哥拉斯定理，而我国对这定理的叙述，却较毕氏为早。

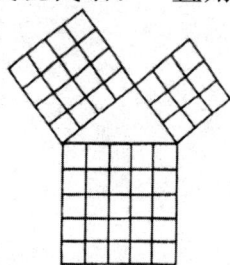

二　圆周率

谈到圆周率，我们也有光荣的历史，径一周三的记载是极古的。魏晋刘徽的割圆术（约在 263 年），不但奠定了计算圆周率的基础，同时也阐明了积分学上算长度、算面积的基础。他用折线逐步地来接近曲线，用多边形来逐渐地接近曲线所包围的图形。他由圆内接六边形、十二边形、二十四边形等，逐步平分圆，来计算圆周率。他算出的圆周率是 3.1416。南朝祖冲之（429 年—500 年）算得更精密，并且预示着渐近值论的萌芽，例如他证明圆周率在 3.1415926 与 3.1415927 之间。并且用 $\frac{22}{7}$ 及 $\frac{355}{113}$ 做疏率和密率。在近代渐近分数的研讨之下，这两个分数，正是现代所说的"最佳渐近分数"的前两项（下一项异常繁复）。祖冲之的密率较德人奥托早了一千多年（奥托的记录是 1573 年）。

三 大衍求一术

"大衍求一术"又名"物不数""鬼谷算""隔墙算""秦王暗点兵""物不知总""剪管术""韩信点兵"等等，欧美学者称为"中国剩余定理"。

问题叙述："今有物不知其数，三三数之剩二，五五数之剩三，七七数之剩二，问物几何?"

算法歌诀：

三人同行七十稀，

五树梅花廿一枝，

七子团圆正月半，

除百零五便得知。

算法：以三三数之的余数乘七十，五五数之的余数乘二十一，七七数之的余数乘十五，总加之，减去一百零五的倍数即得所求。例如，前设之题：二乘七十，加三乘二十一，再加二乘十五，总数是二百三十三，减去二百一十，得二十三。

这问题不但在历史上有它的崇高的地位，就是到了今天，如果和外国的数论书籍上的方法相比较，不难发现，我们的方法还是有它的优越性。它是多么的具体！简单！且容易算出结果来！

这方法肇（zhào）源于《孙子算经》（汉时书籍），较希腊丢番图氏为早；光大于秦九韶之《数书九章》（1247 年），较欧洲大师欧拉（Euler；1707 年—1783 年）、拉格朗日（Lagrange；1736 年—1813 年）、高斯（Gauss；1777 年—1855 年）约早五百年。同时秦九韶也发明了辗转相除法（欧几里得算法）。

四　杨辉开方作法本源

这种三角形之构造法则，两腰都是一。其中每数为其两肩二数之和。此三角形是二项式定理的基本算法。这就是西方学者所称的帕斯卡（Pascal，

```
                1
              1   1
            1   2   1
          1   3   3   1
        1   4   6   4   1
      1   5  10  10   5   1
    1   6  15  20  15   6   1
```

1654 年）三角形。但根据西洋数学史家考证，最先发明者是阿皮安努斯（Apianus），时在 1527 年。而我国的杨辉（1261 年）、朱世杰（1303 年）及吴信民（1450 年）都在阿氏之前，早发现了二百余年。

五　秦九韶的方程论

大代数上的霍纳（Horner）法则是解数值方程式的基本方法。是霍纳在 1819 年所发明的。但如果查考一下我们的数学史，不难发现在《议古根源》（约 1080 年）早已知道这方法的原理。中间经过刘益、贾宪的发展，到了秦九韶（1247 年）已有了完整的方法，比霍纳早了五百七十二年，续用此法的李冶（1248 年）、朱世杰（1299 年），都比霍纳早了五百多年。

（在古代天文和数学是不能分开的，我们在天文学上也有着光荣的历史，如郭守敬的岁差等等，但不在本文范围之内。）

当然如果我们继续发掘，我们还会发现更多更好更宝贵的材料。但也不必讳言，在元代末季之后，我们的数学曾经停滞过，甚至退步了些。停滞的原因，并不是因为中国人的智力衰退，而是因为环境的改变，元代的崇尚武力，明代的八股取士等等。同时生产情况也一直停滞在封建社会阶段，而欧洲却继文艺复兴之后，转入了资本主义社会，因之他们的数学突飞猛进了，造成了目前的显著的差别！

但这差别是暂时的！而不是基本性质的！

注释这几句话是并不困难的。在古代时候，我们进入文明阶段（指恩格斯所说的文明阶段）较早，所以我们的数学发展开始得比欧洲为早。在欧洲蒙昧时期，我们已有显著的贡献。我们不妨为我们先民的伟大成就而感到光荣和鼓舞，但我们不可引以自满，而产生唯我独尊的优越感。后来欧洲资本主义的崛兴，催促了数学进一步的发展，而我们反而暂时显得落后。我们也不必为了这落后现象而自馁（něi）地认为凡事不如人，而产生自卑感。我敢断言：在不久的将来，我们的数学——实则整个的科学，整个的文化，都将突飞猛进，在世界上占一特别重要的地位。

（原载 1951 年 2 月 10 日《人民日报》）

数学的用场与发展①

数与量

数（读作 shù）起源于数（读作 shǔ），如一、二、三、四、五……一个、两个、三个……量（读作 liàng）起源于量（读作 liáng）。先取一个单位作标准，然后一个单位一个单位地量。天下虽有各种不同的量（各种不同的量的单位如尺、斤、斗、秒、伏特、欧姆和卡路里等等），但都必须通过数才能确切地把实际的情况表达

---

① 本文原文曾于 1959 年 5 月 28 日发表在《人民日报》上。后以"数学的用场与发展"为题转载在《现代科学技术简介》（科学出版社，1978 年）上。转载时，作者认为时代已有很大发展，内容要重新修改补充。由于时间仓促，只能根据他的口述笔录对原稿加以整理发表。

出来。所以"数"是各种各样不同量的共性，必须通过它才能比较量的多寡，才能说明量的变化。

"量"是贯穿到一切科学领域之内的，因此数学的用处也就渗透到一切科学领域之中。凡是要研究量、量的关系、量的变化、量的关系的变化、量的变化的关系的时候，就少不了数学。不仅如此，量的变化还有变化，而这种变化一般也是用量来刻画的。例如，速度是用来描写物体运动快慢的量，而加速度则是用来刻画速度的变化的量。量与量之间有各种各样的关系，各种各样不同的关系之间还可能有关系。为数众多的关系还有主从之分——也就是说，可以从一些关系推导出另一些关系来。所以数学还研究变化的变化，关系的关系，共性的共性，循环往复，逐步提高，以至无穷。

数学是一切科学得力的助手和工具。它有时由于其他科学的促进而发展，有时也先走一步，领先发展，然后再获得应用。任何一门科学缺少了数学这一工具便不能确切地刻画出客观事物变化的状态，更不能从已知数据推出未知的数据来，因而就减少了科学预见的可能性，或者减弱了科学预见的精确度。

恩格斯说："纯数学的对象是现实世界的空间形式和数量关系。"数学是从物理模型抽象出来的，它包括数与形两方面的内容。以上只提要地讲了数量关系，现在我们结合宇宙之大来说明空间形式。

宇宙之大

宇宙之大，宇宙的形态，也只有通过数学才能说得明白。天圆地方之说，就是古代人用几何形态来描绘客观宇宙的尝试。这种"苍天如圆盖，陆地如棋局"的宇宙形态的模型，后来被航海家用事实给以否定了。但是，我国从理论上对这一模型提出的怀疑要早得多，并且也同样地有力。论点是："混沌初开，乾坤始奠，气之轻清上浮者为天，气之重浊者下凝者为地。"但不知轻清之外，又有何物？也就是圆盖之外，又有何物？三十三天之上又是何处？要想解决这样的问题，就必须借助于数学的空间形式的研究。

四维空间听来好像有些神秘，其实早已有之，即以"宇宙"二字来说，"往古来今谓之宙，四方上下谓之宇"（《淮南子·齐俗训》）就是宇是东西、南北、上下三维扩展的空间，而宙是一维的时间。牛顿时代对宇宙的认识也就是如此。宇宙是一个无边无际的三维空间，而一切的日月星辰都安排在这框架中运动。找出这些星体的运动规律是牛顿的一大发明，也是物理模型促进数学方法，而数学方法则是用来说明物理现象的一个好典范。由于物体的运动不是等加速度，要描绘不是等加速度，就不得不考虑速度时时在变化的情况，于是乎微商出现了。这是刻画加速度的好工具。由牛顿当年一身而二任焉，既创造了新工具——微积分，又发现了万有引力定律。有了这些，宇宙间一切星辰的运动初步统一地被解释了。行星凭什么以椭圆轨道绕日而行的，何时以怎样的速度达到何处等，都可以算出来了。

有人说西方文明之飞速发展是由于欧几里得几何的推理方法和进行系统实验的方法。牛顿的工作也是逻辑推理的一个典型。他用简单的几条定律推出整个的力学系统，大至解释天体的运行，小到造房、修桥、杠杆、称物。但是人们在认识自然界时建立的理论总是不会一劳永逸完美无缺的，牛顿力学不能解释的问题还是有的。用它解释了行星绕日公转，但行星自转又如何解释呢？地球自转一天24小时有昼有夜，水星自转周期和公转一样，半面永远白天，半面永远黑夜。一个有名的问题，水星进动每百年42″，是牛顿力学无法解释的。

爱因斯坦不再把"宇""宙"分开来看，也就是时间也在进行着。每一瞬间三维空间中的物质在占有它一定的位置。他根据麦克斯韦-洛伦兹的光速不变假定，并继承了牛顿的相对性原理而提出了狭义相对论。狭义相对论中的洛伦兹变换把时空联系在一起，当然并不是消灭了时空特点。如向东走三里，再向西走三里，就回到原处，但时间则不然，共用了走六里的时间。时间是一去不复返地流逝着。值得指出的是有人推算出狭义相对论不但不能解释水星进动问题，而且算出的结果是"退动"。这是误解。我们能算出进动28″，即客观数的三分之二。另外，有了深刻的分析，反而能够浅出，连微积分都不要用，并且在较少的假定下，就可以推出爱因斯坦狭义相对论的全部结果。

爱因斯坦进一步把时、空、物质联系在一起，提出了广义相对论，用它可以算出水星进动是43″，这是支持广义相对论的一个有力证据，由于证据还不多，因此对广义相对论还有一些争论，但它的建立有赖于数学上的先行一步。如先有了黎曼几何。另一方面它也给数学提出了好些到现在还没有解决的问题。对宇宙的认识还将有多么大的进展，我不知道，但可以说，每一步都是离不开数学这个工具的。

粒子之微

佛经上有所谓"金粟世界"，也就是一粒粟米也可以看作一个世界。这当然是佛家的幻想。但是我们今天所研究的原子却远远地小于一粒粟米，而其中的复杂性却不亚于一个太阳系。

即使研究这样小的原子核的结构也还是少不了数学。描述原子核内各种基本粒子的运动更是少不了数学。能不能用处理普遍世界的方法来处理核子内部的问题呢？情况不同了！在这里，牛顿的力学，爱因斯坦的相对论都遇到了困难。在目前人们应用了另一套数学工具。如算子论、群表示论、广义函数论等。这些工具都是近代的产物。即使如此，也还是不能完整地说明它。

在物质结构上不管分子论、原子论也好，或近代的核子结构、基本粒子的互变也好，物理科学上虽然经过了多次的概念革新，但自始至终都和数学分不开。不但今天，就是将来，也有一点是可以肯定的，就是一定还要用数学。是否有一个统一的处理办法，把宏观世界和微观世界统一在一个理论之中，把四种作用力统一在一个理论之中，这是物理学界当前的重大问题之一。不管将来他们怎样解决这个问题，但是处理这些问题的数学方法必须统一。必须有一套既可以解释宏观世界又可以解释微观世界的数学工具。数学一定和物理学刚开始的时候一样，是物理科学的助手和工具。在这样的大问题的解决过程中，也可能如牛顿同时发展天体力学和发明微积分那样，促进数学的新分支的创造和形成。

火箭之速

在今天用"一日千里"来形容慢则可，用来形容快则不可了！人类可创造的物体的速度远远地超过了"一日千里"。飞机虽快到日行万里不夜，但和宇宙速度比较，也显得缓慢得很。古代所幻想的朝游北越暮苍梧，在今天已不足为奇。

不妨回忆一下，在星际航行的开端——由诗一般的幻想进入科学现实的第一步，就是和数学分不开的。早在牛顿时代就算出了每秒钟近 8 千米的第一宇宙速度，这给科学技术工作者指出了奋斗目标。如果能够达到这一速度，就可以发射地球卫星。1970 年我国发射了第一颗人造卫星。数学工作者自始至终都参与这一工作（当然，其中不少工作者不是以数学工作者见称，而是运用数学工具者）。作为人造行星环绕太阳运行所必须具有的速度是 11.2 千米/秒，称为第二宇宙速度；脱离太阳系飞向恒星际空间所必须具有的速度是 16.7 千米/秒，称为第三宇宙速度。

顺便提一下，如果我们宇宙飞船到了一个星球上，那儿也有如我们人类一样高级的生物存在。我们用什么东西作为我们之间的媒介。带幅画去吧，那边风景殊，不了解。带一段录音去吧，也不能沟通。我看最好带两个图形去。一个"数"，一个"数形关系"（勾股定理）

（图 1 和图 2）。

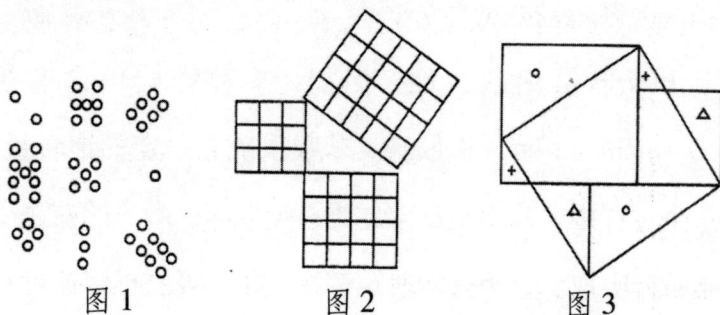

图 1　　　　图 2　　　　图 3

为了使那里较高级的生物知道我们会几何证明，还可送去上面的图形，即"青出朱入图"（图 3）。这些都是我国古代数学史上的成就。

化工之巧

化学工业制造出的千千万万种新产品，使人类的物质生活更加丰富多彩，真是"巧夺天工""巧夺造化之工"。在制造过程中，它的化合与分解方式是用化学方程来描述的，但它是在变化的，因此，恩格斯明确指出："表示物体的分子组合的一切化学方程式，就形式来说是微分方程式。但是这些方程式实际上已经由于其中所表示的原子量而积分起来了。化学所计算的正是量的相互关系为已知的微分。"

为了形象化地说明，例如，某种物质中含有硫（liú），用苯（běn）提取硫。苯吸取硫有一定的饱含量，在这个过程中，苯含硫越多越难再吸取硫，剩下的硫越少越难被苯吸取。这个过程时刻都在变化，吸收过程速度在不断减慢着。实验本身便是这个过程的积分过程，它的数学表达形式就是微分方程式及其求解。简单易做的过程我们可以用实验去解决，但对于复杂、难作的过程，则常常需要用数学手段来加以解决。选取最优过程的工艺，数学手段更成为必不可少的手段。特别是量子化学的发展，使得化学研究提高到量子力学的阶段，数学手段——微分方程及矩阵、图论更是必需的数学工具。

应用了数学方法，还可使化学理论问题得到极大的简化。例如，对于共轭（è）分子的能级计算，在共轭分子增大时十分困难。应用了分子轨道的图形理论，由图形来简化计算，取得了十分直观和易行的效果，便是一例，其主要根据是如果一个行列式中的元素为 0 的多，那就可以用图论来简化计算。

地球之变

我们所生活的地球处于多变的状态之中，从高层的大气，到中层的海洋，下到地壳，深入地心都在剧烈地运动着，而对这些运动规律的研究也都用到数学。

大气环流，风云雨雪，天天需要研究和预报，使得农民可以安排田间农活，空中交通运输可以安排航程。飓风等灾害性天气的预报，使得海军、渔民和沿海地区能够及早预防，减少损害。而所有这些预报都离不了数学。

"风乍起，吹皱一池春水。"风和水的关系自古便有记述，"无风不起浪"。但是风和浪的具体关系的研究，则是近代才逐步弄清的，而在风与浪的关系中用到了数学的工具，例如偏微分方程的间断解的问题。

大地每年有上百万次的地震，小的人感觉不到，大的如果发生在人烟稀少的地区，也不成大灾。但是每年也有几次在人口众多的地区的大震，形成大灾。对地壳运动的研究，对地震的预报，以及将来进一步对地震的控制都离不开数学工具。

生物之谜

生物学中有许许多多的数学问题。蜜蜂的蜂房为什么要像如下的形式（图4），一面看是正六角形，另一面也是如此。但蜂房并不是六棱柱，而它的底部是由三个菱形所拼成的。图5是蜂房的立体图。这个图比较清楚，更

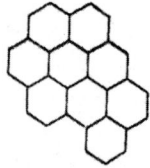

图4

具体些，拿一支六棱柱的铅笔未削之前，铅笔一端形状是 *ABCDEF* 正六角形（图6）。通过 *AC*，一刀切下一角，把三角形 *ABC* 搬置 *AOC* 处。过 *AE*，*CE* 也如此同样切两刀，所堆成的形状就是图7，而蜂巢就是两排这样的蜂房底部和底部相接而成。

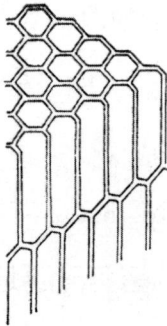

图5

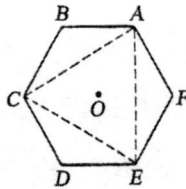

图6

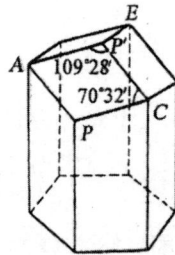

图7

关于这个问题有一段趣史：巴黎科学院院士数学家克尼格，从理论上计算，为使消耗材料最少，菱形的两个角度应该是 109°26′和 70°34′。与实际蜜蜂所做出的仅相差 2 分。后来苏格兰数学家马克劳林重新计算，发现错了的不是小小的蜜蜂，而是巴黎科学院的院士。因克尼格用的对数表上刚好错了一个字。这个十八世纪的难题，我用它来考过高中生，不少高中生提出了各种各样的证明。

这一问题，我写得篇幅略长些，目的在于引出生物之谜中的数学，另一方面也希望生物学家给我们多提些形态的问题，蜂房与结晶学联系起来，这是"透视石"的晶体。

再回到化工之巧，有多少种晶体可以无穷无尽、无空无隙地填满空间，这又要用到数学。数学上已证明，只有 230 种。

还有如胰岛素的研究中，由于复杂的立体模型也用了复杂的数学计算。生物遗传学中的密码问题是研究遗传与变异这一根本问题的，它的最终解决必然要考虑到数学问题。生物的反应用数学加以描述成为工程控制论中"反馈"的泉源。神经作用的数学研究为控制论和信息论提供了现实的原型。

日用之繁

日用之繁，的确繁，从何谈起真为难！但也有容易处。日用之繁与亿万民众都有关，只要到实际中去，急生产之所急，不但可以知道哪些该搞，而且知道轻重缓急。业务上也可以学到书本上所读不到的东西。像我这样自学专攻数学的，也在各行各业师傅的帮助下，学到了不少学科的知识，这是一个大学一个专业中所学不到的。

我在日用之繁中搞些工作始于 1958 年，但真正开始是 1964 年。我曾有机会到过二十个省市，下过数以千计的工矿农村，形成了有工人、技术人员和数学工作者参加的普及、推广数学方法的小分队。通过群众性的科学实验活动证明，数学确实大有用场，数学方法用于革新挖潜，能为国家创造巨大的财富。回顾已往，真有"抱着金饭碗讨饭吃"之感。

统筹方法不仅可用于一台机床的维修、一所房屋的修建、一组设备的安装、一项水利工程的施工，更可用于整个企业管理和大型重点工程的施工会战。大庆新油田开发，万人千台机的统筹，黑龙江省林业战线采、运、用、育的统筹，山西省大同市口泉车站运煤统筹，太原铁路局太钢和几个工矿的联合统筹，还有一些省市的农业生产统筹等等，都取得了良好效果。看来统筹方法宜小更宜大。大范围的过细统筹效果更好，"油水"更大。特别是把方法交给广大群众，结合具体实际，大家动手搞起来，由小到大、由简到繁，在普及的基础上进一步提高，收效甚大。初步设想可以概括成十二个字：大统筹，理数据，建系统，策发展。使之发展成一门学科——统筹学，以适应我国具体情况。统筹的范围越大，得到和用到的数据也越多。我们不仅仅是消极地统计这些数据，而且还要从这些数据中取出尽可能多的信息来作为指导。因此数据处理提到了日程上来。数据纷繁就要依靠电子计算机。新系统的建立和旧系统的改建和扩充，都必须在最优状态下运行。更进一步就是策发展，根据今年的情况明年如何发展才更积极又可靠，使国民经济的发展达到最大可能的高速度。

优选法是采用尽可能少的试验次数，找到最好方案的方法。优选学作为这类方法的数学理论基础，已有初步的系统研究。实践中，优选法的基本方法，已在大范围内得到推广。目前，我国化工、电子、冶金、机械、轻工、纺织、交通、建材等等方面都有较广泛的应用。在各级政府的领导下，推广应用优选法，在不添人、不增设备、不加或少加投资的情况下，就可收到优质、高产、低耗的效果。例如，小型化铁炉，优选炉形尺寸和操作条件，可使焦铁比一般达 1：18。机械加工优选刀具的几何参数和切削用量，工效可成倍提高。烧油锅炉，优选喷枪参数，可以达到节油不冒黑烟。小化肥工厂搞优选，既节煤又增产。在大型化工设备上搞优选，提高收率潜力更大。粮米加工优选加工工艺，一般可提高出米率百分之一到百分之三，提高出粉率百分之一。若按全国人数的口粮加工总数计算，一年就等于增产几亿斤粮食。

最好的生产工艺是客观存在的，优选法不过是提供了认识它的、尽量少做试验、快速达到目的的一种数学方法。

物资的合理调配、农作物的合理分布、水库的合理排灌、电网的合理安排、工业的合理布局，都要用到数学才能完满解决，求得合理的方案。总之一句话，在具有各种互相制约、互相影响的因素的统一体中，寻求一个最合理（依某一目的，如最经济，最省人力）的解答便是一个数学问题，这就是"多、快、好、省"原则的具体体现。

数学之发展

宇宙之大，粒子之微，火箭之速，化工之巧，地球之变，生物之谜，日用之繁，无处不用数学。其他如爱因斯坦用了数学工具所获得的公式指出了寻找新能源的方向，并且还预示出原子核裂变发生的能量的大小。连较抽象的纤维丛也应用到了物理当中。在天文学上，也是先从计算上指出海王星的存在，而后发现了海王星。又如高速飞行中，由次音速到超音速时出现了突变，而数学上出现了混合型偏微分方程的研究。还有无线电电子学与计算技术同信息论的关系，自动化与控制技术同常微分方程的关系，神经系统同控制论的关系，形态发生学与结构稳定性的关系等等不胜枚举。

数学是一门富有概括性的学问。抽象是它的特色。同是一个方程，弹性力学上是描写振动的，流体力学上却描写了流体动态，声学家不妨称它是声学方程，电学家也不妨称它为电报方程，而数学家所研究的对象正是这些现象的共性的一面——双曲型偏微分方程。这个偏微分方程的解答的性质就是这些不同对象的共同性质，数值的解答也将是它所联系各学科中所要求的数据。

不但如此，这样的共性，一方面可以促成不同分支产生统一理论的可能性，另一方面也可以促成不同现象间的相互模拟性。例如：声学家可以用相似的电路来研究声学现象，这大大地简化了声学实验的繁重性。这种模拟性的最普遍的应用便是模拟电子计算机的产生。根据神经细胞有兴奋与抑制两态，电学中有带电与不带电两态，数学中二进位数的 0 与 1、逻辑中的"是"与"否"，因而有用电子数字计算机来模拟神经系统的尝试，及模拟逻辑思维的初步成果。

我们作如上的说明，并不意味着数学家可以自我陶醉于共性的研究之中。一方面我们得承认，要求数学家深入到研究对象所联系的一切方面是十分困难的，但是这并不排斥数学家应当深入到他所联系到的为数众多的科学之一或其中的一部分。这样的深入是完全必要的。这样做既可以对国民经济建设作出应有的贡献，而且就是对数学本身的发展也有莫大好处。

客观事物的出现一般讲来有两大类现象。一类是必然的现象——或称因果律。一类是大数现象——或称机遇律。表示必然现象的数学工具一般是方程式，它可以从已知数据推出未知数据来，从已知现象的性质推出未知现象的性质来。通常出现的有代数方程，微分方程，积分方程，差分方程等等（特别是微分方程）。处理大数现象的数学工具是概率论与数理统计。通过这样的分析便可以看出大势所趋，各种情况出现的比例规律。

数学的其他分支当然也可以直接与实际问题相联系。例如：数理逻辑与计算机自动化的设计，复变函数论与流体力学，泛函分析与群表示论之与量子力学，黎曼几何之与相对论等等。在计算机设计中也用到数论。一般说来，数学本身是一个互相联系的有机整体，而上面所提到的两方面是与其他科学接触最多，最广泛的。

计算数学是一门与数学的开始俱生的学问，不过今天由于快速大型计算机的出现特别显示出它的重要性。因为对象日繁，牵涉日广（一个问题的计算工作量大到了前所未有的程度）。解一个一百个未知数的联立方程是今天科学中常见的（如水坝应力，大地测量，设计吊桥，大型建筑等等），仅靠笔算就很困难。算一个天气方程，希望从今天的天气数据推出明天的天气数据，单凭笔算要花成年累月的时间。这样的算法与明天的天气何干？一个讽刺而已！电子计算机的发明就满足了这种要求。高速度大存储量的计算机的发展改变了科学研究的面貌，但是近代的电子计算机的出现丝毫没有减弱数学的重要性，相反地更发挥了数学的威力，对数学的要求提得更高。繁重的计算劳动减轻了或解除了，而创造性的劳动更多了。计算数学是一个桥梁，它把数学的创造同实际结合起来。同时它本身也是一个创造性的学科。例如推动了一个新学科计算物理学的发展。

除掉上面所特别强调的分支以外，并不是说数学的其余部分就不重要了。只有这些重点部门与其他部分环环扣紧，把纯数学和应用数学都分工合作地发展起来，才能既符合我国当前的需要，又符合长远需要。

从历史上数学的发展的情况来看，社会愈进步，应用数学的范围也就会愈大，所应用的数学也就愈精密，应用数学的人也就愈多。在日出而作，日落而息的古代社会里，会数数就可以满足客观的需要了。后来由于要定四时，测田亩，于是需要窥天测地的几何学。商业发展，计算日繁，便出现了代数学。要描绘动态，研究关系的变化，变化的关系，因而出现了解析几何学、微积分等等。

数学的用处在物理科学上已经经过历史证明。它在生物科学和社会科学上的作用也已经露出苗头。存在着十分宽广的前途。

最后，我得声明一句，我并不是说其他科学不重要或次重要。应当强调的是，数学之所以重要正是因为其他科学的重要而重要的，不通过其他学科，数学的力量无法显示，更无重要之可言了。

写给向科学进军的青年们

亲爱的青年同志们：

我爱你们胜过我自己，因为我知道你们是从我们手里接过火炬向科学挺进的新生力量。特别是在祖国进行社会主义建设的今天，当我们想到我们今天的科学工作远不能满足祖国需要的情况的时候，我恨不得把所有的知识——虽然不很多的知识——在一夕间都传授给你们，我也恨不能把所有的经验——如果有一些的话——都倾吐般地介绍给你们。现在，我就来谈谈我所领导的数学研究所里一些新生力量崭（zhǎn）露头角的情况，以供从事于和将要从事于科学研究工作的青年们参考。

我们所里有一位年轻同志被分配在一个较薄弱的门类中工作。那里没有强有力的导师，但是经过四五年的努力，去年他写出论文了，质量还很不坏。

又有一位青年没有导师，在独立工作着。他偶尔和有经验的科学家讨论问题，后者告诉他一些感性知识及应有的结论。结果这位年轻科学家完成了一篇概括性极强的研究论文。

更不止一位青年，在能力较强的导师领导下，或者写了很多论文，在结果方面有丰富的收获，或者出现了突破难关性的数学论文。这种论文大大地超过了新中国成立前"洋博士"的水平。

这些青年在大学里并不都是最优秀的学生（遗憾地说：有些高等教育部门并没有把他们最好的学生给我们），但是他们有一个共同的优点，就是他们到数学研究所后，就忘我地工作着。在这三到五年的时间里，他们都写出了接近或达到了世界先进水平的科学论文。他们的年龄都在二十四五岁左右，但他们都已经开花结实了。

关于他们艰苦学习的情况我可以再说一点：有一位青年花了两年的时间才学习了一个方法（虽然这个方法现在他可以在一小时内给大学生们介绍清楚）。经过这样的辛勤锻炼，他终于在老科学家的帮助下突破了一个难关。诚如大家所知道的，难关一破，收获滚滚而来。

另一个青年，草稿纸废了几百张，算来算去花了半年多的时间，终于得出了好结果。在这个过程中，他多次摔倒，不止一次向老科学家说：行不通了，攻不破了！但老科学家给他信心，并具体地给他些帮助，最后终于获得了战果。

这些青年或者从"描红""临摹"入手，做些依样画葫芦的工作，或从整理资料文献入手，总结前人成就。但不管用哪一种方法，他们搞出了具体贡献。

从这些经验中可以分析出一个要点，就是只要不怕辛勤和艰苦，终会成功的！是的，科学高峰上的道路是崎岖难行的，并且有时还无路可循，必须独辟蹊径。但是对不畏攀登的青年来说，他们是一定爬得上光辉顶点的。

另一方面，我很高兴地告诉你们，我国的老一辈科学家们十分迫切地盼望把自己的专长早日交给青年们。他们把教好青年人作为他们对国家的具体贡献。很多的科学家已经准备好计划，来迎接新生力量的培养工作。

就以我个人来说，已经做了以下准备工作，写出了一本入门书，使大学毕业的青年，借这本书了解这一专业的一般情况，以及这一专业和其他部门的关联。我为他们准备了若干专题资料，看完了这些资料中的一个，就可以从事研究工作。我还为青年们准备了不少专题。据我知道，很多科学家，都为青年们做了不少准备工作。

亲爱的青年们，现在请允许我攻攻你们的缺点吧！我今天要提两点：

有些青年对循序渐进了解得不够深入，他认为在中学里他是好学生，在大学里也名列前茅。如此可算得循序渐进了吧！是的，形式上是的。但是，如果要从事研究工作，希望有所创造发明的话，要求还要高些。我们要求不止要考得好，还要能融会贯通。就像对小学生不光要求他识字，还要求字搬了家也能认识。我们要求能够说得出书上的最主要的关键是什么，主要的定理、定律、方法和证明是如何获得的。科学中的每一发明都不是仅靠一时"灵感"或"启发"得来的，而是靠丰富的感性知识，并靠从这些知识中反复归纳和研究而得出的，其经过往往是一步一步地逼近，或者是推翻了不少推测和假设而得来的。

第二点，独立思考能力也是大学生所亟须培养的。一切从事科学研究工作的青年都必须具备这个能力。科学研究工作必须有开创的本领。而开创的本领往往不是旁人所能帮助的。今天有导师可能帮助一些，但一旦赶上或超过了导师的水平，就没人能帮助你了。就现在中国科学和社会的发展情况来看，超过导师的情况是完全可能的，并且是一定会超过的。在我国很多科学门类中存在着很多空白点，都亟（jí）待我们摸索前进。

青年们！不要害怕，缺点总是有的，但是也总是可以克服的，这些缺点我们也负有责任帮助你们来克服！

你们是新时代的青年，你们是在祖国的关怀之下成长的！老实说：我是十分羡慕你们的。你们这一代中一定会出现在世界科学舞台上知名的科学家，会给祖国带来很多的荣誉，会给人民带来更多更丰富的科学成果。

（原载 1956 年 1 月 20 日《中国青年报》）

图书在版编目（ＣＩＰ）数据

聪明在于学习，天才在于积累 / 华罗庚著. -- 武汉：
长江文艺出版社， 2021.6
　ISBN 978-7-5702-2054-0

　Ⅰ. ①聪… Ⅱ. ①华… Ⅲ. ①中小学生－学习方法－
文集 Ⅳ. ①G632.46-53

中国版本图书馆 CIP 数据核字(2021)第 062899 号

策划编辑：朱 焱

责任编辑：杨 岚 刘 洋　　　　　　　责任校对：毛 娟

整体设计：一壹图书　　　　　　　　　责任印制：邱 莉　 胡丽平

出版：长江出版传媒 | 长江文艺出版社

地址：武汉市雄楚大街 268 号　　　　　邮编：430070

发行：长江文艺出版社

http://www.cjlap.com

印刷：中印南方印刷有限公司

开本：640 毫米×970 毫米　　　1/16　　印张：8.5　　　插页：4 页

版次：2021 年 6 月第 1 版　　　 2021 年 6 月第 1 次印刷

字数：56 千字

定价：22.00 元